Kerstin Kohlenberg
Stephan Lebert

»Leben ist verdammt schwer«

Kerstin Kohlenberg
Stephan Lebert

»Leben ist verdammt schwer«

Antworten auf 13 Fragen unserer Zeit

Karl Blessing Verlag

Umwelthinweis:
Dieses Buch und sein Schutzumschlag wurden
auf chlorfrei gebleichtem Papier gedruckt.
Die Einschrumpffolie (zum Schutz vor Verschmutzung) ist aus
umweltschonender recyclingfähiger PE-Folie.

Der Karl Blessing Verlag ist ein Unternehmen
der Verlagsgruppe Random House GmbH.

1. Auflage

Umschlaggestaltung: Hauptmann und Kampa
Werbeagentur, München/Zürich
Satz: Uhl+Massopust, Aalen
Druck und Bindung: GGP Media GmbH, Pößneck
Printed in Germany
ISBN 3-89667-257-6
www.blessing-verlag.de

Inhalt

Fragen an das Leben

Angenommen, man hätte einen Apparat, der über verschiedene Eigenschaften verfügt. Man könnte eintippen: Jetzt will ich schlau sein wie Einstein. Jetzt möchte ich so geheimnisvoll sein wie Jil Sander. Oder witzig wie Harald Schmidt. Jetzt möchte ich weinen können, wie es damals Marlon Brando getan hat am Totenbett seiner Frau in *Der letzte Tango in Paris*. Oder beim Sex aussehen, wie bestimmt Madonna dabei immer aussieht, ganz bestimmt.

Das wäre schön. Es gäbe keine Lebenslage, für die man nicht perfekt gerüstet wäre. Und wenn dann doch etwas Peinliches passiert, ist es immer noch besser, man verwandelt sich schnell in Woody Allen.

Wir müssen aber ohne diesen Apparat leben. So sind wir allein mit diesen Idealbildern. Sie bedrängen uns, sie flüstern uns zu, wie wir zu sein haben. In der Werbung, in den Medien, in der Kunst. Die Idealbilder verführen uns, ein anderer sein zu wollen. Das ist vielleicht das Anstrengende in unserer Zeit. Es wird überall so schrecklich laut darüber geplappert, wie ein glückliches, intensives Leben auszusehen hat. Und wenn man sich an diesem Glück versucht, bringt man diesen Sound nicht mehr so richtig aus den Gehörgängen – wie einen Ohrwurm aus dem Radio.

War das nicht immer so? Es hat in allen Jahrhunderten Idealtypen gegeben, die gut aussahen, klug waren. Vorbilder eben. Klar, aber heute hat das eine völlig andere Qualität oder besser: eine völlig andere Dimension. Zu keiner Zeit wurde einem auf täglich zweitausend Kanälen dieser Medienwelt nahe gelegt, wie das Alltagsleben zu sein hat. Diese Bilder durchdringen inzwischen wie ein Sandsturm jede Ritze unserer Zivilisation. Claudius Seidl, der Feuilletonchef der *Frankfurter Allgemeinen Sonntagszeitung*, schrieb: »Wer heute vierzehn ist, weiß alles über die Liebe, über die Gefühle, über den Arbeitsalltag – obwohl er noch nicht geliebt hat, wenig gefühlt und gar nichts gearbeitet hat. Das hat es noch in keiner anderen Generation gegeben. Dieser Terror der Bilder ist gefährlicher als alles andere.«

In diesem Buch soll der lärmende Terror ausgeblendet werden. Wie wir darauf kamen? Es begann an einem netten Nachmittag in einem Berliner Café, als eine Freundin den Satz aussprach, der schließlich zum Titel dieses Buches wurde. Dabei erzählte sie eigentlich nur von ihrem Leben und den Fragen, die sie derzeit beschäftigten. Ist die Liebe das Wichtigste im Leben, und soll ich dafür alles geben? Und wie wichtig ist der Beruf, lebe ich ein falsches Leben, wenn ich nach der Arbeit abends so müde bin, dass ich vor dem Fernseher einschlafe? Soll ich Kinder kriegen? Oder mich mehr um mich selbst kümmern? Welche Leute mag ich wirklich, und warum sind es so wenige? Und wie merke ich, ob ich mein Leben verschwende? Sie fragte ein paar Mal: »Kennst du dieses Gefühl? Ist das bei euch auch so?« Und dann sagte sie den Satz: »Ich finde, Leben ist verdammt schwer« – ohne jede Ironie, vollkommen ernst. Und damit traf sie den Kern.

David Beckham hilft nämlich bei diesen Lebensfragen wenig, Kate Moss auch nicht und ebenso wenig Bill Clinton mit seinem Charme. Man muss anders klarkommen. Es bringt nicht viel, das eigene Leben wie einen Film anzugehen und dauernd zu überlegen, ob man nicht doch eine neue Drehbuchfassung schreiben sollte. Muss in dieses Leben nicht noch mehr Leben rein? Und die Dialoge könnten doch auch ein bisschen witziger sein.

Siegfried Unseld, der inzwischen verstorbene Suhrkamp-Verleger, erzählte einmal, wie ihn das erste Manuskript von Max Frisch erreicht hatte, *Die Schwierigen*. Das war so: Er fand auf seinem Schreibtisch einige hundert Seiten Text, eingesandt von einem unbekannten Schweizer Architekten. Es selbst zu lesen, war ihm zu anstrengend, also nahm er den Papierstapel mit nach Hause, seine damalige Frau sollte sich das Manuskript vornehmen. Sie las und las, und als sie am Ende angelangt war, sagte sie zu ihrem Mann: »Das musst du lesen, und zwar sofort.« Und fügte hinzu: »Woher weiß der so viel von uns Menschen?« Später erklärte Siegfried Unseld, wenn ein Text ihn dazu bewege, sich diese Frage zu stellen – das sei der Zweck von Literatur.

Da ist die Fassade, da ist die Wirklichkeit. Jeder von uns kennt diesen himmelweiten Unterschied. Um dies aufzulösen, beschäftigen wir uns mit Kunst, lesen wir Literatur, fangen wir Liebesbeziehungen an. Hinter die Fassade schauen: Wer ist der andere? Wie geht es ihm? Oder noch näher: Wer bin ich? Wie geht es mir?

Wir haben für dieses Buch ein Team gebildet: Kerstin Kohlenberg, vierunddreißig Jahre alt, und Stephan Lebert, vierundvierzig Jahre alt, Beruf: Journalisten. Wir wollen uns mit diesem Buch dem nähern, was man gerne Wirklichkeit nennt. Wir nennen es Leben. Am Anfang hatten wir die Idee, diese Annäherung auf eine eigene Weise vorzunehmen: Lass uns über die sieben Todsünden schreiben. Sie wissen schon: Wollust, Trägheit, Habgier, Zorn und so weiter. Lass uns über die großen Gefühle schreiben, über die wesentlichen Aspekte des Lebens. Lass uns das Wichtige vom Unwichtigen trennen. Und so gegen den allgemeinen Nebel der Beliebigkeit anschreiben.

Im Prinzip ist es auch dabei geblieben. Wir haben nur das Themenspektrum ein wenig erweitert, sind freundlicher, auch aktueller geworden. Jeder von uns hat sich ein paar Fragen gestellt, die ihn und sie derzeit besonders beschäftigen, und ist mit ihnen auf Expedition gegangen. Ziel der Expedition: Erkenntnisgewinn. Und für jede Frage haben wir einen Gesprächspartner ausgesucht, einen Experten für das jeweilige Thema.

Kerstin Kohlenberg will beispielsweise klären: Wie viel Zufall verträgt das Leben? Über so etwas philosophiert unsereins gerne auf einer Party. Peter Gente lebt das. Kerstin Kohlenberg trifft den Verleger Gente in Berlin, einen Mann, der seit vielen Jahren anhand seiner eigenen Biografie ein Experiment durchführt – mit sehr harten Folgen.

Eine andere Frage lautet: Soll man sich kennen lernen? Hier tritt Iris Berben auf, die unter anderem davon erzählt, wie es sich anfühlt, wenn man sich ständig vervielfältigt, in Bildern, in Filmen und den Erwartungen anderer. Iris Berben wäre daran mit neunzehn beinahe zu Grunde gegangen.

Wie unterhaltsam muss ich sein? Sie sehen, es war gut, dass wir uns vom Todsünden-Muster nicht allzu sehr einengen ließen, die Frage wäre sonst wohl eher gestorben. Wäre doch schade gewesen, denn als Expeditionsbegleiterin wählt Kerstin Kohlenberg Franka Potente, die Erfolgsschauspielerin. Die beiden sitzen in Frankas Berliner Küche, als sie darüber nachdenkt – ausgerechnet Franka Potente! –, warum sie manchmal so darunter leidet, dass sie nicht unterhaltsamer ist. Dass sie in manchen Momenten so verdammt gerne geistreicher wäre. Und warum dies gerade so viele junge Frauen sein möchten.

Stephan Lebert musste in den vergangenen Jahren immer wieder Antworten auf folgende Frage finden: Wie viel Tod verträgt das Leben? Und diese Frage stellt er nun dem Hamburger Fotografen Walter Schels, einem Mann, der sich seit dreißig Jahren in den unterschiedlichsten Projekten mit dem Tod beschäftigt. Wenn man so will, ist er ein Erforscher des Todes. Kurz bevor Menschen sterben, ziehen sie Bilanz. Dabei hat er wiederholt beobachtet, dass sich dabei alles nur um einen Punkt dreht: Habe ich geliebt, bin ich geliebt worden? »Am Ende«, sagt Walter Schels, »ist das Leben ziemlich einfach.«

Zu einem ganz anderen Thema befragt Stephan Lebert den Moderator Günther Jauch, den er in dessen Garderobe kurz vor der Aufzeichnung von der Show *Wer wird Millionär?* trifft. Sie sprechen über das Thema Geld – ist es ein Freund oder ein Feind? Und plötzlich reden sie auch davon, ob Günther Jauch in dem Gefängnis seines öffentlichen Bildes steckt: Günther Jauch, der Millionär.

Warum wir diese Fragen stellen und keine anderen? Die Antwort ist sehr egoistisch: Weil wir es so wollen – und sicher hätten uns noch andere Fragen interessiert, viele. Wir haben es genossen, uns entscheiden zu können. Auch für unsere Gesprächspartner. Hört sich ein wenig nach Willkür an. Vielleicht kann jeder Leser das an dieser Stelle nachempfinden: Überlegen Sie doch einmal, welche Fragen des Lebens Sie gerade besonders interessieren. Willkür spielt dabei immer eine Rolle.

Und wir haben uns auch für eine offene Form entschieden. Es sind keine Interviews, keine Porträts. Wir haben unsere Gesprächspartner ausgewählt, weil wir uns von ihnen versprochen haben, dass sie uns auf der Suche nach Antworten auf unsere Lebensfragen weiterbringen. So ist es gekommen. Es sind Prominente und Nichtprominente.

Eines haben sie gemein: Sie stecken mittendrin in unserer turbulenten Zeit. Der Schäfer auf Kreta hat uns nicht interessiert.

Wie viel Zufall verträgt das Leben?

Kerstin Kohlenberg trifft den Verleger Peter Gente

Warum bin ich Journalistin geworden? Mir fällt ein, warum ich eigentlich Architektin werden wollte, aber Journalistin? Ich hatte da nie so etwas wie ein Erweckungserlebnis. Ich bilde mir jetzt im Nachhinein manchmal ein, dass ich in der Schule schon gerne geschrieben habe. Ich habe allerdings den Verdacht, dass das nicht stimmt. Dass ich mir das nur wünsche, damit meine Berufswahl das Zufällige verliert.

Angefangen hat es nämlich an einem schwarzen Brett im Institut für Soziologie an der Freien Universität in Berlin. Da hing eine Liste mit Praktika, die für Soziologen empfohlen wurden. Darauf stand auch das Berliner Landesstudio des ZDF. Ich bewarb mich für eine Hospitanz, und zwei Monate später konnte ich anfangen. Das war kompletter Zufall, denn der Studioleiter Gustav Trampe las, ohne dass ich das wusste, gerne die Zeitläufte-Seite in der *Zeit*, und als er mich fragte, was ich denn gerne lese, habe ich ihm von dieser Seite erzählt, denn die hatte ich auf dem Weg zum Vorstellungsgespräch in der U-Bahn gelesen.

Seit diesem ersten Praktikum folgt mein Leben einer gewissen Gesetzmäßigkeit. Zufälle, die es in eine andere Richtung drehen könnten, nehme ich nur ganz verschwommen wahr. Mich beruhigt das.

Bei Peter Gente ist das anders. Peter Gente ist so etwas wie der Prototyp des postmodernen Menschen.

Als ich an der Tür klingle und Peter Gente in die Gegensprechanlage »Hallo?« ruft, habe ich das Gefühl, er ist ein bisschen überrascht. Ich steige hoch in den vierten Stock der renovierten ehemaligen Fabrik in Berlin-Schöneberg, direkt über den alten S-Bahn-Gleisen. Merve Verlag steht an der Tür. Hier arbeitet und wohnt Peter Gente.

Peter Gente ist Verleger, es sind diese postkartengroßen Bändchen, die sein Merve Verlag herausgibt und über die jemand geschrieben hat, dass sie sich im Handschuhfach eines Autos oder in der Hosentasche wohler fühlten als im Bücherregal. Gente hat mit seiner Freundin Heidi Paris die zeitgenössischen französischen Philosophen wie Foucault, Deleuze, Baudrillard und Virilio verlegt. Und sie sind mit allen befreundet gewesen. Paul Virilio zum Beispiel trafen die beiden über zehn Jahre lang, immer wenn sie in Paris waren, in einem alten Restaurant am Boulevard Montparnasse zum Austernessen. 1977 besuchten Peter Gente und Heidi Paris zum ersten Mal Michel Foucault in Paris. Wenn Foucault in Berlin war, wohnten er und sein Lebensgefährte Daniel Defert um die Ecke von Gentes und Paris' damaliger Wohnung in einem kleinen Hotel in der Bundesallee. Dort frühstückten die vier dann zusammen. Gente erinnert sich, dass Foucault einmal fragte, was aus dem linken Kern geworden sei. Also brachten sie ihn mit einigen Schriftstellern zusammen, die mit Gefangenen arbeiten wollten. Foucault hatte etwas Ähnliches vor, er wollte den Gefangenen die Möglichkeit geben, über ihren Alltag zu sprechen: über die Wärter, den fehlenden Sex, das schlechte Essen – die Bedingungen im Gefängnis eben. Die Berliner Schriftsteller dagegen erzählten ihm, was sie den Gefangenen beibringen wollten: Goethe, Schiller und so weiter. Daraufhin machte Foucault gar nicht erst den Mund auf und ging gleich wieder.

Gente öffnet die Tür und guckt genauso erschreckt, wie er durch die Sprechanlage geklungen hat. »Mensch«, sagt er, »Sie hatte ich ganz vergessen, obwohl es in meinem Terminkalender steht.« Er sei gestern so lange aus gewesen, sagt er, in einem Laden in der Potsdamer Straße, dort hätten sich die Leute aus der alten Westberliner Dschungel-Club-Zeit getroffen. Peter Gente ist siebenundsechzig Jahre alt.

Er bittet mich hinein in seinen Wohnungs-Verlag. Man geht durch einen winzigen Flur an einer provisorischen Küche vorbei in einen großen, langen Raum, der mit Holzfußboden ausgelegt und mit Bücherregalen tapeziert ist. Es gibt viele Musikkassetten und einen Fernseher. In der Mitte steht ein Notenständer. Keine Bilder an den Wänden, kein Krimskrams auf dem Boden. Nichts Persönliches. Will man Peter Gente verstehen, muss man die Bücher anschauen, die er verlegt hat. Sie sind sein bibliografisches Tagebuch.

Durch die großen Fenster im Raum sieht man die Bäume und Sträucher, die sich die alten Bahntrassen von Schöneberg wieder zurückholen, dahinter die Altbauten von Kreuzberg. Den Blick hat Peter Gente seit vierzig Jahren. Vor den großen Fenstern stehen die Schreibtische, die das Büro innerhalb der Wohnung markieren. Zum Sitzen stehen zwei Stühle zur Verfügung, einer ist aus einem Einkaufswagen gemacht, und der andere hat etwas von einem alten, aufgeschnittenen Waschzuber auf Beinen. Ich setze mich in den Waschzuber.

Gente trägt eine Art Anzughose, schwarz, mit schmalen dunkelgrauen Streifen, darüber ein schwarzes Hemd. Er ist grauhaarig und sieht ein bisschen aus wie Omar Sharif. Eine zerdrückte Zigarette liegt im Aschenbecher. Daneben eine Thermoskanne mit Kaffee. Sein Frühstück.

Peter Gente hat in seinem Leseleben einen Zugang zum

Leben gefunden, der auf die Franzosen Gilles Deleuze, einen Philosophen, und Félix Guattari, einen Psychoanalytiker, zurückgeht. *Rhizom* heißt das Buch, das Gente 1977 verlegt hat – eine vierzig Seiten kurze Abhandlung, die Deleuzes und Guattaris Modell eines hierarchielosen, wuchernden und zufälligen Gedankenaustauschs aller mit allen vorstellt. Sie haben ihr Modell nach einem Wurzelsystem, das keine Hauptwurzel hat, benannt. Fünfzehntausend Exemplare haben sich bisher verkauft, eines der erfolgreichsten Bücher, die Gente je gemacht hat.

Diese Art zu denken und zu leben hat Peter Gente übernommen. Das führte dazu, dass er mit sechsunddreißig sein Leben noch einmal ganz umgestaltete, dass er anfing, Punk zu hören, mit John Cage essen ging, jahrelang mit Heiner Müller in einer Wohngemeinschaft wohnte, mit DJ WestBam ein Buch machte und sich mit dem Wahnsinn in der Gesellschaft beschäftigte. Und mit Heidi Paris zusammenzuleben begann.

Jetzt ist Heidi tot – seine große Liebe. Er will den Verlag verkaufen, ohne sie mache es keinen Sinn mehr, sagt er.

Wie viel Zufall verträgt das Leben? Eigentlich ist das Leben ja der Versuch, den Zufall, so gut es geht, zu vermeiden und mehr und mehr Kontrolle über sich und seine Umwelt zu gewinnen. Denn wer erträgt es schon, ein Leben wie ein Roulettspiel zu führen? Ohne ein Minimum an Vorhersehbarkeit, ohne Sicherheit? Braucht man nicht eine gewisse Klarheit, um Harmonie zu erzeugen?

Augenblick mal. Wie hört sich das denn an? Klingt das nicht unendlich langweilig, alt, spießig, ängstlich? Sein Leben unter Kontrolle zu haben, zu wissen, was man will, seine Bedürfnisse zu kennen und zu befriedigen, Arbeit, Klarheit, Organisation, das hört sich nach Maschine an, nach Baukasten, nach einem effizienten Leben. Neue Ideen entstehen so nicht.

Der Zufall dagegen kennt keine Strategie. Er ist nicht effizient, weil er nicht planbar und nicht logisch ist. Er ist wie die Liebe, er bringt einen auf andere Gedanken. Er kann glücklich und auch sehr unglücklich machen. Und aus Angst vor diesem Unglück versuchen die meisten Menschen, den Zufall zu zähmen oder zu verbannen. Sie kaufen ihm eine Leine, so eine, die sich wie bei einem Staubsauger automatisch im Plastikgehäuse aufrollt. Ab und zu lassen sie den Zufall dann laufen, geben ihm ein bisschen Spielraum, bis er zu sehr zieht, und dann rollen sie die Leine wieder auf.

Peter Gentes Leben verlief genau andersherum. Der Zufall gewann immer mehr Raum, bis Gente die Leine wegwarf. Und daran war Heidi Paris nicht unwesentlich beteiligt. Ein Leben wie eine Komposition von John Cage, dessen gesamte Musik auf dem Zufall beruht. Dauer, Klangfarbe, Tonhöhe – alles Ergebnis des Zufalls.

»Wie lebt man so ein Leben, ohne Schnittmuster, ohne Baukasten, nach allen Seiten offen, Herr Gente?«

Einmal, erzählt Gente, habe er im Urlaub auf Mururoa in seinem Reiseführer von einem Wanderweg gelesen, auf dem man ganz bequem, statt um die Insel herum, über einen Berg auf die andere Seite gehen könne. Er ist einfach losgewandert. Hat völlig vergessen, dass er nur kurze Hosen und irgendwelche Latschen anhatte, und er hatte natürlich nichts zu essen dabei, nichts zu trinken, und die Nacht zuvor hatte er nicht geschlafen. Und so ist er dann über den Berg gekraxelt, gerutscht und geschlittert.

Leichtsinnig? Gente sagt: »Intensiv.« Und dass ein leichtsinniges Leben, unter der Bedingung, dass man aus dem Schlamassel wieder herauskommt, durchaus zu empfehlen sei.

So wie er über den Berg gestiegen ist, ohne jegliche Ausrüstung, so hat er sich auch seine Denker erschlossen, ohne jede Vorbildung. Heinz Bude schreibt in seinem Buch *Das Altern einer Generation* über die 68er: »Dieses Verhalten bezeichnet eine existenzielle Grundsituation, die Paul Arnheim [Paul Arnheim ist der Name, den Bude in diesem Buch für Peter Gente verwendet] sucht: ziemlich alleine in der Wüste zu stehen, mit etwas Tollem, das niemand versteht, nicht einmal er selbst.«

Wenn man es nämlich geschafft hat, den Berg überstanden oder das Buch verstanden, dann erzeugt das ein großes Glücksgefühl. Wenn es nicht funktioniert, muss man nicht unglücklich sein, denn es war ja nur ein spontaner Einfall, an den keine Erwartungen geknüpft waren. Hätte man sich richtig vorbereitet, hätte es bestimmt auch geklappt.

Ich habe mir das zu Schulzeiten immer dann gesagt, wenn ich eine schlechte Note geschrieben hatte. Manchmal denke ich heute noch so, aber dieser Gedanke vermischt sich immer stärker mit einer Wut auf mich selbst. Mir sind einige Dinge einfach nicht mehr so egal.

Mit Gentes Verlag war es wie mit seinem Leben. Das Letzte, was ihn dabei getrieben habe, sagt er, sei der Ehrgeiz gewesen. Er habe nie Erwartungen an den Verlag gehabt. Er sei eher überrascht, was daraus geworden sei. Er habe eigentlich auch nie so richtig daran geglaubt. Ganz nach dem Achternbusch-Motto: »Du hast keine Chance, nutze sie« war das Scheitern immer schon mit einprogrammiert.

Ist der Zufall also auch eine Ausrede? »Das Leben mit dem Zufall hat auf jeden Fall mit einer gewissen Faulheit zu tun«, sagt Gente.

Peter Gente ist ein 68er. Er hat die ganze Phase der Studentenbewegung von Anfang an mitgemacht, sein Verlag ist 1970 als ein Projekt ebendieser Bewegung entstanden.

Heinz Bude hat in *Das Altern einer Generation* über Peter Gente geschrieben, dass er nicht nur ein Verleger sein will, der die allgemeine Textinflation um weitere Texte vermehrt, sondern einer, der Texte macht, die uns in die Lage versetzen, die Welt zu interpretieren. Dabei hat Gente sich in den Jahren ganz und gar der Gegenwart zugewandt. Und ist beweglich geblieben.

Der Anfang. Geboren wurde Peter Gente 1936 in Halberstadt, einer kleinen Stadt mit sechzigtausend Einwohnern, in der er sich unendlich gelangweilt hatte. Der Vater war Richter, und von seiner Mutter sagt er, sie käme aus einem antisemitischen Elternhaus. Gelesen wurde wenig, der Vater bezog die Zeitschriften des Lesezirkels. Er bekam sie immer zuletzt, da waren sie dann schon einige Wochen alt. Richtig gemocht scheint Peter Gente seine Eltern nicht zu haben. Die erste Erinnerung ist bezeichnend. Als Kind sei er oft geschlafwandelt, erzählt er. Er habe dann seine Decke und sein Kopfkissen genommen und sei durch das Haus gewandert. Einmal war er so bepackt ins Wohnzimmer gekommen, in dem seine Mutter vor dem Volksempfänger saß, strickte und eine Hitlerrede hörte. Der Vater war ja im Krieg. Die Mutter nahm ihn auf den Schoß, doch sie war offensichtlich so aufgewühlt von der Rede, dass sie erst merkte, dass ihr Sohn sich eine Schere gegriffen hatte, als er sie damit in die Lippe schnitt.

1953, Gente war damals siebzehn, zog die Familie nach Berlin, allerdings nicht freiwillig. Der Vater, der in der DDR als ehemaliges NSDAP-Mitglied zuerst keine Anstellung als Richter gefunden hatte, hatte sich als Gegner der DDR-Regierung für den amerikanischen Geheimdienst anwerben lassen. Er flog jedoch auf, eine Sekretärin hatte ihn verpfiffen, und so mussten die Gentes Halberstadt schnell verlassen. In Westberlin wog die NSDAP-Mitgliedschaft des Vaters offenbar nicht mehr so schwer. Er fand eine Stelle als Richter im Kriminalgericht Moabit. Später, 1968, hatte er sogar einige der protestierenden Studenten im Gerichtssaal: Fritz Teufel und Rudi Dutschke. An der Mensa der Technischen Universität gab es damals Aufkleber: »Wir schicken Richter Gente jetzt in Rente«, und: »Der nicht so intelli-, sondern Stahlhelm-gente«.

Der Sohn wurde in den Fünfzigern zum »Kultur-Groupie« – vielleicht wählte er dieses Leben auch als Gegenentwurf zum Leben seines Vaters. Konkrete Fragen nach Sinn oder Unsinn des Lebens hätten ihn damals nicht beschäftigt, sagt Gente. Er sei da einfach mitgeschwommen, habe alles aufgesaugt. Der Gente-Schwamm. Für die Schule blieb kaum Zeit. Man musste ja nach einer Theateraufführung am nächsten Morgen erst einmal alle Kritiken in den Zeitungen lesen. Und sich die Schauspieler, Regisseure und Kameraleute der Kinofilme, die man gesehen hatte, merken, um mitreden zu können.

Damals entstand die riesige Ausschnittsammlung, die Peter Gente noch heute fortführt – Artikel über all das, was ihn interessiert. Man kann sich das vorstellen wie ein Puzzle, dessen Einzelteile aneinander geschoben und immer wieder verschoben werden und so ständig ein neues Bild ergeben.

Das wichtigste und vielleicht das erste richtige Buch, das er gelesen habe, sagt er, sei die *Minima Moralia* gewesen. Ab 1957 trug Gente das Buch des Philosophen Theodor W. Adorno wie eine Bibel mit sich herum. Gente war einundzwanzig und hatte keine Vorstellung von seinem Leben. Kein Konzept. So wie wahrscheinlich die meisten Einundzwanzigjährigen. Bei Gente führte diese Orientierungslosigkeit zu großer Unsicherheit und dazu, dass er in der Universität eigentlich nie den Mund aufmachte. Er war ein bisschen verklemmt, ein Einzelgänger. Die *Minima Moralia*, die im Untertitel als *Reflexionen aus dem beschädigten Leben* beschrieben wird, war plötzlich so etwas wie eine Handlungsanleitung für ihn. Es sind Aphorismen, Betrachtungen des Lebens, über die Ironie, die Eltern, den Faschismus. Ein Buch wie eine Zettelsammlung, wie Gentes eigenes Leben. Sogar um die Liebe, um Treue und Sex geht es darin. »Das kommt später in der kritischen Theorie leider gar nicht mehr vor«, sagt Gente und lacht. Kein Altmännerlachen über einen Herrenwitz, sondern ein Jungslachen über sich selbst.

Wie er zu dem Buch kam, weiß er nicht mehr. Durch Zufall. Die nächsten zehn Jahre las er alles, was ihm von Adorno unterkam, ohne von Hegel oder Marx eine Ahnung zu haben – die Autoren, auf die sich Adorno bezieht. Er gab alle Orientierung auf, alles was er bislang für gut und richtig gehalten hatte, und überließ sich völlig dem Denken Adornos.

Heinz Bude schreibt in seinem Buch, dass diese Geschichte die Bestandteile einer Erweckungsgeschichte enthalte: die zufällige Schicksalsfügung – Peter Gentes Lebensprogramm. Beschädigt, so wie Adorno hätte auch Gente sein Leben damals beschreiben können.

Gente erhebt sich aus seinem Stuhl und begibt sich hinter eine Bücherwand. Und als er zurückkommt, liest er schon laut aus der Einleitung der *Minima Moralia* vor: »Die traurige Wissenschaft, aus der ich meinem Freund einiges darbiete, bezieht sich auf einen Bereich, der für undenkliche Zeiten als der eigentliche der Philosophie galt, seit deren Verwandlung in Methoden aber der intellektuellen Nichtachtung, der seriösen Willkür und am Ende der Vergangenheit verfiel: die Lehre vom richtigen Leben.«

Er liest stumm weiter und sagt dann: »Ja, damals war das mein Programm irgendwie.« Die Lehre vom richtigen Leben ist sozusagen sein biografischer Background.

In den zehn Jahren bis zur Studentenbewegung hatte Gente seinen Adorno in- und auswendig gelernt. Doch die Hoffnungslosigkeit, die Adornos Texte verbreiteten, machte Gente zunehmend schlechtere Laune. Denn für Adorno war die Kritik an der Gesellschaft im Grunde ausweglos, da die Modernisierung schon zu weit fortgeschritten und der Kampf gegen die Kommerzialisierung und Entfremdung verloren war. Wie sollte man sich so die Zukunft vorstellen? Bei Adorno gab es keine Zukunft.

Der Verlag, der nach Merve, Peter Gentes einstiger Frau, benannt war, versuchte, aus dieser Sackgasse herauszukommen. Die beiden begannen, Adorno mit anderen Denkern zu ergänzen. Aber noch immer suchten sie nach einer Erklärung für das große Ganze.

Merve hatte Peter Mitte der Fünfziger auf dem S-Bahnhof Friedrichstraße angesprochen, so lange kannten sie sich schon. Die Strategie, die sie für ein richtiges Leben lernten, war Kritik, auch im Privaten. Ständig musste man sich und seine Handlungen rechtfertigen. Gente hatte immer häufiger ein schlechtes Gewissen, wenn er sich dem entzog. Er begann, sich im Kreis zu drehen, denn die permanente Kritik ließ keine Antworten zu.

Dann lernte er Anfang der Siebziger Heidi kennen, eine Studentin, und plötzlich hatte er das Gefühl, dass er sich schon lange ohne große Freude gedreht hatte. Und obendrein ohne dabei richtig unglücklich gewesen zu sein. Er hatte sich in einem geschlossenen System befunden, das keinen Zweifel, keinen Zufall, keine Veränderung zuließ. Das sich nur selbst erhalten wollte.

Heidi war sechzehn Jahre jünger als er, sie sprach viel über den Tod, aber auch über das Leben. Es gab keine Regeln, keine Erwartungen. Mit seiner Frau Merve dagegen, da gab es eine Kontinuität, da wusste man, wofür man kämpft, da war man zusammen in der Liebe und in der Arbeit. Da hatte die Welt eine Ordnung.

Er heulte damals viel und konnte gar nicht fassen, was ihm da passierte, sagt Gente. »Da lernt man plötzlich eine Frau kennen und kommt total aus dem Gleis und merkt erst nach und nach, wie schrecklich das alles früher gewesen ist. Eine verkorkste Sexualität und viel Angst. Vor allem vor Frauen.«

Mit Heidi kam das Zufällige in sein Leben, die Kritik an der Kritik, die Abwendung von der Geschichte, von Marx und Hegel und die Hinwendung zur Gegenwart, zum Spaß, zum Punk. Einer seiner Lieblingsfilme ist *Leben* von Akira Kurosawa, ein vierstündiger Film, der die Geschichte eines Mannes erzählt, der die Nachricht bekommt, dass er Krebs hat, und danach noch einmal richtig auflebt.

Achtzehn Jahre war Peter Gente mit Merve verheiratet, dann trennte er sich von ihr. Das Kollektiv, in dem sie mit drei anderen gelebt hatten, löste sich auf. Heidi Paris und Peter Gente machten zu zweit weiter.

Mit Merve waren Themen wie die Revolution der Arbeiterklasse, die Rolle der Technik, Feminismus, Wohngemeinschaften und Gruppenprobleme wichtig gewesen. Mit Heidi fiel das alles weg. Sie arbeitete über Wahnsinn und Gesellschaft. Das war Heidis Thema, seit sie psychische Probleme hatte und deshalb immer wieder in die Klinik musste. Diagnose: Schizophrenie. Das große Ganze wurde völlig uninteressant. Das Interessante waren jetzt die kleinen Dinge. Peter und Heidi waren nachts viel unterwegs, jeder hatte seine Affären, flüchtig und völlig zufällig, dazu lasen sie Michel Foucault und seine Geschichte der Sexualität.

Peter Gentes zweites großes Erweckungserlebnis: die Befreiung von der Vorstellung, dass alles im Leben Sinn ergeben muss. Aber diese Befreiung, das hat gedauert, und Peter und auch Heidi stolperten in der Folgezeit noch häufig über ihre 68er-Schnürsenkel. Sie hatten sie zwar aufgeknüpft, aber sie wussten noch nicht so recht, wie sie mit diesen offenen Schuhen gehen sollten.

Als sie Foucault zum ersten Mal trafen, um mit ihm über ein Buchprojekt zu sprechen, waren sie zwar überrascht, dass er nicht professoral wirkte und ihnen daher keine Angst einjagte. Aber dennoch irritierte er sie sehr. Auf all ihre Fragen hatte Foucault immer nur einen Satz erwidert: »Das verstehe ich nicht.« »Wir haben uns tagelang darüber unterhalten, was er denn nicht verstanden hat. Bis wir dann endlich kapiert haben, dass wir die falschen Fragen gestellt haben. Wir haben in ihm immer noch den Weltgeist gesehen, der uns erklären sollte, wo es langgeht. Wir waren noch zu sehr in unserem alten, linken Bewusstsein verhaftet.«

Gente und Paris begannen, sich ihre Philosophie selbst zusammenzubasteln. Wie eine Collage, über die immer noch ein neuer Ausschnitt geklebt wird. Die großen Referenzen und Richtungsgeber wie Kant, Hegel und Marx hatten an Bedeutung verloren. Gente und Paris hörten einfach nicht mehr auf sie, wie ein Kind, das aus dem Haus seiner Eltern auszieht.

Als ich Peter Gente zum ersten Mal am Telefon sprach, hatte ich das Gefühl, ich gehe ihm unglaublich auf die Nerven. Er redete nicht viel und war ein bisschen brummig. In genau demselben brummigen Tonfall sagte er dann aber Ja zu einem Treffen.

Nun sitze ich ihm schon einige Stunden gegenüber, und wenn ich ihn so betrachte, wie er in diesem Fabrikloft aus seinem Leben wie aus einer *Vanity Fair* für Intellektuelle plaudert, denke ich mir, das wäre bestimmt auch ein cooler Vater. Einer, der das Bedürfnis kennt, sich gehen zu lassen. Der neugierig ist, immer zu allem bereit. Plötzlich hört man den brummigen Unterton nicht mehr, sondern nur noch die vielen Geschichten, die er zum Leben erweckt. Und man verliert die Scheu zu fragen, denn Gente beantwortet jede Frage, er setzt bei seinem Zuhörer nichts voraus.

Und dann überlege ich mir, ob er denn jemals Zeit für ein Kind gehabt hätte? Ob dieses Sich-dem-Zufall-Hingeben nicht auch ein maßloser Egotrip ist von einem, der Verantwortung nur sich selbst gegenüber kennt? Vielleicht wäre er doch ein besserer Onkel. Ein cooler Onkel, keine Frage.

Gente wollte nie Kinder. Genau aus diesem Grund. Heidi Paris auch nicht. Das war schon ziemlich früh klar. Keine Heirat, keine Kinder, maximale Freiheit. »Die Bücher«, sagt Gente, »sind unsere Kinder.«

Sein Traum war es immer, im Hotel zu leben. »Ich lasse mich ganz gern bedienen. Ich will Zeit für die Dinge, die mich wirklich interessieren. Musik hören, Bücher lesen, unterwegs sein, reisen.« So hatten Peter Gente und Heidi Paris auch gearbeitet. Immer oder nie, und wenn sie keine Lust hatten, dann blieben sie eben zu Hause. Jeder in seinem Zuhause – sie hatten fast immer eigene Wohnungen.

Peter Gente war zu einer Art Dandy geworden. Er hatte sich von dem ganzen »Innerlichkeitsgequatsche« seines ersten Lebens befreit. Denn für Foucault war die Vorstellung von Identität nur eine Frage der geschichtlichen Sozialisation, die Seele nur ein Element, in dem sich die Wirkung der Macht historischer Idealbilder widerspiegelt. Der

Dandy kümmert sich daher nicht mehr um seine Seele, sondern nur noch um seinen Anzug oder seine Reisen. Es geht ihm nie so sehr um den Inhalt, sondern immer um die Form. »Im Kino«, sagt Gente, »kann ich mir zum Beispiel nie eine Story merken, aber ich kenne Einstellungen, Kameratricks, schauspielerische Glanzleistungen. Kunst ist Form, der Inhalt ist eigentlich beliebig. Man kann aus einem völlig unwichtigen Inhalt einen großen Film machen, und man kann aus einem tollen Inhalt einen Scheißfilm machen. Das gilt für Romane ganz genauso. Ein gut gemachter Film, der banal ist, ist besser als ein Film, der die ganze Welt bewegt, aber schlecht gemacht ist.«

Ob ihm das ständig Neue nicht einmal zu viel wurde? Hat sich nie das Gefühl von Sättigung eingestellt, die Sehnsucht nach Ruhe? »Im Gegenteil«, sagt Gente, »ich muss mich bremsen und den Sachen auch mal nicht nachgehen. In der Kunst oder bei bestimmten Autoren. Wenn ich mich hier umgucke, was hier alles an Musik steht, an Videoaufnahmen und Büchern, das erdrückt mich irgendwann.«

Manchmal ist es nur ein Wort in einer Fußnote, das Gente wieder auf etwas Neues bringt. Und das ihn dann, über Bibliotheken, auf Reisen bis nach Tibet scheucht. Er ist wie eine Flipperkugel, die man abschießt und die sich dann zwischen den Magneten und Widerständen auf dem Spielfeld ihren Weg sucht. Und trotzdem war Peter Gente für Heidi der ruhende Pol, den sie brauchte. »Sie hat immer gesagt, ich hätte keine Psyche, aber das stimmte nicht. Ich war eben stabil, wohingegen sie sehr zerbrechlich war.«

Ich überlege, wie das bei mir ist mit dem Zufall, und mir kommt ein Gefühl in den Sinn. Nämlich jenes, das ich habe, wenn ich morgens zur Arbeit radle. Ich ziehe die

Kopfhörer auf, höre Kings of Convenience und fahre die Max-Beer-Straße runter, unter den S-Bahn-Gleisen durch, an der Rosenstraße vorbei und über die kleine Brücke an der Spree. Meist ist der Himmel eisblau, und wenn dann die Sonne auf die Kuppel des Berliner Doms scheint und sie zum Leuchten bringt, gibt es nichts Schöneres. Ich fahre an der Nationalgalerie entlang und erinnere mich an ein Fest und eine lange Unterhaltung. Mir kommt jene Sommernacht in den Sinn, die ich im Lustgarten vor dem alten Museum verbracht habe. Ich biege um den hellen Glasbau des Historischen Museums und denke daran, wie wir gegenüber in der Staatsoper auf dem Presseball Blumen geklaut haben. Ich fahre Unter den Linden hoch, durch das Brandenburger Tor, den Tiergarten, am Potsdamer Platz vorbei bis in die Potsdamer Straße. Das ist für mich Glück. Und ich habe das Gefühl, in der ewigen Wiederkehr des Gleichen, in dieser Vorfreude auf das, was um die nächste Ecke kommt, wird das Glück immer intensiver. Es ist wie ein Ritual, und in diesen Minuten fühle ich mich sehr frei. Weil ich nichts bedenken muss, nicht reden muss, nicht reagieren muss. Weil es keine Überraschungen und Zufälle gibt, ich in der Welt bin und doch nicht ganz. Ein Moment wie im Museum.

Peter Gente hat sich immer geweigert, Heidis Schizophrenie als eine Krankheit zu sehen, stattdessen deutete er sie als etwas Positives, ganz nach Gilles Deleuze und Félix Guattari. Die Schizophrenie war für sie eine Reaktion auf die Widersprüche der Welt. »Es sind ja nicht nur die Menschen verrückt, die Welt ist ja auch verrückt. Von daher ist die Schizophrenie ein ganz reales Bewusstsein, von dem, was wirklich passiert. Auf die Frage: ›Was ist normal?‹, gibt es keine Antwort.«

Und so lebten Peter Gente und Heidi Paris ein Leben im Ausnahmezustand, sehr eng, teilweise symbiotisch. Das hatte natürlich auch einen Einfluss auf die Bindungen nach außen. »Überall kannten wir Leute, aber gleichzeitig war man überall ein bisschen ein Fremder. Unser Leben hatte eine gewisse Art von Isolierung.«

1998. Frieren wir dieses Jahr ein. Die Angst ist im Lauf der Jahre aus Peter Gentes Leben verschwunden. Diese Offenheit nach allen Seiten hat ihn befreit, er musste keinem Menschen mehr Rechenschaft ablegen und für niemanden, außer für seine Autoren, Verantwortung übernehmen. Bei Heidi hingegen war die Angst immer stärker geworden, sie war zum Teil nicht mehr ansprechbar, hatte totale Zukunftsangst. Gente fuhr auf lange Reisen nach Asien, sie las zu Hause deutsche Popliteratur und Unterhaltungsromane. Weil sie die wirtschaftliche Unsicherheit und das Risiko des Verlages nicht mehr aushielt, vermutet Gente, und sie Anschluss an eine Szene suchte. Vielleicht aber auch, weil die deutschen Popliteraten das Gefühl von existenzieller Verlassenheit in diesen Büchern auf den Punkt bringen. Peter Gente hörte experimentelle und japanische Musik. »Heidi war das zu zerstörerisch, das hielt sie nicht aus. Sie hat eher schnulzige Musik gemocht.« Musik, die das Leben wie mit Honig zusammenhält.

Aber es hat nicht gehalten. Am 15. September 2002 brachte sich Heidi Paris mit Schlaftabletten um.

Peter Gente laufen die Tränen über das Gesicht. »Ich war bis zu Heidis Tod ein glücklicher Mensch. Sie auch. Und das haben wir uns immer wieder in Briefen bekundet. Da ist so ein Selbstmord ein großer Schock. Ich bin ein Spätentwickler, und sie war eine Frühentwicklerin. Wir sind uns daher immer etwas rätselhaft geblieben, obwohl wir zum Teil acht Wochen Tag und Nacht zusammen waren. Das war schon eine sehr intensive Geschichte. Achtundzwanzig Jahre – ein sehr produktives Leben.« Peter Gente wischt sich die Tränen weg. »Und umso tiefer bin ich danach gefallen. Wir haben sehr viel über den Tod gesprochen, immer. Aber wir wollten uns gemeinsam umbringen. Das war mein Wunsch, und am Ende hat das nicht geklappt.« Die Tränen rollen weiter über seine Wangen. »Es gibt keinen Brief, nichts. Ich hatte das Gefühl, sie wollte einfach nicht mehr in die Psychiatrie, sie war am Ende, erschöpft. Sie hatte eine Krise, einen Schub, und den hat sie nicht mehr bewältigt. Sie konnte nicht mehr einkaufen, sie war desorientiert, sie fühlte sich verfolgt, sie machte sich darüber Gedanken, wie jemand die Beine übereinander schlägt, weil sie glaubte, damit wolle man ihr etwas mitteilen, was sie nicht verstehe.«

Eine der Sachen, die er von Heidi gelernt habe, sagt Gente, sei, dass man dem anderen gegenüber niemals Schuldgefühle haben solle. »Ich komme aus einer Juristenfamilie, und da war Schuld immer das Thema Nummer eins.«

»Keine Schuld, heißt das umgekehrt nicht auch, keine Verantwortung für den anderen?«, frage ich ihn. »Heidi und ich akzeptierten uns immer, auch wenn das wehtat oder unverständlich war. Es gibt keine Schuld – und ich habe auch keine Schuld an ihrem Tod. Das erleichtert es ein bisschen. Es ist aber gleichzeitig das Schlimmste, was passieren kann.« Und dann sagt er noch, wenn Heidi nicht den Verlag gehabt hätte, wenn sie nicht den Ausweg über die Publikation der Bücher gefunden hätte, dann hätte sie nicht so lange durchgehalten.

Und sein Resümee? »Die Welt hat sich mir im Lauf meines Lebens nicht erschlossen. Sie ist komplexer geworden, und ich habe gelernt, dass unsere Mittel begrenzt sind. Und trotzdem, was ich nicht verstehe, das reizt mich, dagegen kann ich gar nichts tun.«

Ich verabschiede mich von Peter Gente und gehe die Treppen hinunter. In der Etage unter dem Merve Verlag ist ein Jugendhotel. Das passt, denke ich. Menschen, die ständig unterwegs sind. Menschen auf der Suche.

Soll man sich kennen lernen?

Kerstin Kohlenberg interviewt Iris Berben

Die Wohnung von Iris Berben erinnert an ein Schiff. Ein Schiff mit zwei Decks und einer Reling aus Metall, zwei steilen Treppen und einem Vorderdeck, von dem aus man auf eine ruhige Straße in Berlin-Mitte guckt. An der Stelle, an der der Steuermann und die Navigationsinstrumente wären, ist bei Iris Berben die Küche – ein ebenso zentraler Ort. Was für den Seemann Norden ist, ist für sie das gemütliche Zusammensein in der Küche, denn das erinnert sie an die Weihnachtsfeste bei ihrer Essener Oma. Haltepunkte in ihrem Leben. Verhindern konnten sie aber nicht, dass Iris Berben sich mit neunzehn Jahren, zu Beginn einer Schauspielkarriere, versuchte umzubringen.

Diesen Satz schreibt man so einfach hin: versuchte sich umzubringen. Es hört sich reißerisch an, aber was bedeutet es, wenn sich einer umbringen will? Dass ihm das, was er von sich kennen gelernt hat, nicht passt? Oder dass er sich gar nicht richtig kennen gelernt hat? Soll man sich denn kennen lernen?

Ich stehe vor der Tür von Iris Berben und bin zu früh dran. Iris Berben ist eine Pünktlichkeitsfanatikerin, das ist von ihren elf Jahren im Internat übrig geblieben. Also warte ich und gehe noch einmal um den Häuserblock.

Ich muss an meine Vordiplomarbeit denken. Es ging darin hauptsächlich um den Konflikt zwischen Sigmund

Freud und seinen Nachfolgern Alfred Adler und Karen Horney. Ein ziemlich mageres Ding, wenn ich mich richtig erinnere, aber egal. Als ich sie schrieb, war ich dreiundzwanzig, und die Frage, woher das Unwohlsein am Leben kommt, war bei mir damals ziemlich akut. Freud und seine Kollegen stritten darüber, ob man das, was aus der Vergangenheit auf einen in der Gegenwart wirkt, kennen muss oder doch besser beiseite schieben und sich auf die Gegenwart konzentrieren soll.

Freud war fürs totale Kennenlernen, denn wer sich an die Vergangenheit nicht erinnert, der ist dazu verdammt, sie ständig zu wiederholen. Die Neofreudianer waren eher fürs Vergessen, denn wer sich nur erinnert, der kann nichts Neues mehr erleben. Und sie hatten einen überzeugenden Grund: Freud konnte mit seiner Methode nur wenige therapeutische Erfolge vorweisen. In der Diagnose waren sie sich dagegen einig: Der Mensch erfordert Aufmerksamkeit, weil er in der Moderne beginnt, sich aufzulösen und innerlich zu verkrusten. Das Ich, die Idealvorstellung eines autonomen, selbstbestimmten Ich, hat es nicht geschafft, sich gegen das da draußen, gegen die Welt, gegen die Wucht der Gesellschaft zu behaupten. Uneinig sind sich Freud und seine Nachfolger über die Ursachen. Freud sieht sie in der Macht der gesellschaftlichen Unterdrückungsmechanismen. Und im Sexualtrieb. Die Neofreudianer machen die schlechter werdenden sozialen Beziehungen verantwortlich, also die weniger intensiven Freundschaften und selteneren Familienkontakte. Sie setzen deshalb ganz auf das Ich. In einer unmenschlichen Wirklichkeit muss der Mensch gestärkt werden. So wollen sie dem Menschen die Macht über sich selbst zurückgeben. Für Freud dagegen steht es außer Frage, dass man zuerst den Beschädigungen des Menschen auf den Grund gehen muss, um das Ausmaß der Verletzung zu erkennen. Und dazu müssen die gesellschaftlichen Koordinaten herausgearbeitet werden, die ihn einzwängen. Freud stellt die unangenehme Frage, inwieweit der Mensch wirklich »Herr im eigenen Haus« ist.

Wenn man sich den Menschen mit allem, was er in sich trägt an Erinnerungen, Prägungen und Unterbewusstem, wie ein jahrhundertealtes Gemäuer vorstellt, dann ist Freud der, der unablässig in die modrigen, feuchten Kellergewölbe hinabsteigt. Da unten steht er dann frierend und sieht, dass man früher ganz anders gebaut hat und dass der abschüssige Boden und der wackelnde Schrank in der Dachgeschosswohnung auf die Bauweise von damals zurückzuführen sind. Die Neofreudianer dagegen gehen gleich ins Dachgeschoss und legen unter den wackelnden Schrank einen Keil. Wenn man das Haus schon nicht neu bauen kann, dann soll man wenigstens gut in ihm leben können. Und damit haben sie sich durchgesetzt.

Eigentlich müsste ich jetzt schreiben, was ich von der ganzen Sache halte. So etwas wie: Also, was der Freud da gesagt hat, klasse. Oder: Diese Neofreudianer, die wissen, wie man lebt. Hut ab. Damals, zu Vordiplomzeiten, war ich ganz auf Freuds Seite – den Sachen auf den Grund gehen und sich selbst als unfrei gegenüber der Welt entlarven, das fand ich nachvollziehbar. Und heute? Heute mache ich den Fernseher an und sehe Johannes B. Kerner, der in seiner Sendung mit Desiree Nosbusch folgende Unterhaltung führt:

»Es lief bei dir eine Zeit lang nicht so gut.«

»Ja, das stimmt.«

»Wie hast du das verarbeitet?«

»Wenn ich ehrlich bin: nicht so gut.«

»Hast du eine Therapie gemacht?«

»Ja, das kann ich ruhig sagen. Ich habe damals eine Therapie gemacht.«

»Warum auch nicht. Ich finde das ganz natürlich. Wenn man Zahnschmerzen hat, geht man ja auch zum Zahnarzt.«

Während des Vordiploms hätte ich gesagt: Ha, der Mensch wird zerlegt wie ein Schwein: Zahnschmerzen – Zahnarzt, Seelenschmerzen – Psychologe. Dann habe ich die Popkultur entdeckt und gedacht, damit zerlegt sich der Mensch wenigstens grinsend selbst, schaut sich dabei zu und macht noch einen Film darüber. Und jetzt gerade denke ich: Der Mensch zerlegt sich selbst aus Faulheit. Und ich muss an die Fernsehserie *Die Sopranos* denken. In einer Folge schüttet der Mafia-Boss Tony Soprano seiner Therapeutin das Herz aus, um diese dumme Melancholie loszuwerden, die ihm seinen Killerjob verleidet.

Lohnt es sich, sich kennen zu lernen? Die Autorin Judith Hermann hat in einem Interview mit dem Magazin des Schweizer *Tagesanzeigers* einmal erzählt, dass es sich nicht lohne. Denn ein gewisses Unwohlsein im Leben bringe eine hohe Empfindsamkeit mit sich. Und auf die möchte sie nicht verzichten. »In dem Moment, in dem ich mir erklären lasse, warum es mir dann und wann komisch geht, neutralisiere ich das, was daraus auch an Gutem entstehen kann.« Aus dieser Unvollkommenheit, diesem Mangel, sagt sie, resultiere ihr Schreiben.

Das hört sich gut an. Es hört sich nämlich nach etwas Distanz zum Leben, nach einer gewissen Vorsicht an. Und nach einer großen Sehnsucht, diese Distanz zu überwinden. Man dreht ständig am Objektiv, zoomt rein und wieder raus, findet etwas gut, dann wieder nicht mehr, ist ständig auf der Suche. Man schwebt. Und wenn man es dann noch schafft, ein zweites Objektiv auf sich selbst zu richten, dann hält man diese Suche sogar aus. »Zuschauer des eigenen Lebens zu sein, das ist der Weg, um den Schmerzen des Lebens zu entrinnen.« So hat das Oscar Wilde ausgedrückt.

Es ist zwölf Uhr, Punkt zwölf, als ich an der Tür klingle. Iris Berben öffnet und bittet mich in die Wohnung. Mit Iris Berben habe ich mich verabredet, weil sie eine Art Langstreckenläuferin in Sachen Identität ist. Jemand, der lange danach gesucht und unzählige Bilder von sich in der Öffentlichkeit hinterlassen hat. Und während ich im Kopf noch durchgehe, wie viele Bilder ich von ihr eigentlich abgespeichert habe, verschwindet meine Jacke schon hinter einer Tür in der Küche.

Also, da gibt es das verwackelte Bild des Hamburger Partygirls Ende der Sechziger und das des neuen deutschen Filmgesichts mit einer Frisur wie aus *Drei Engel für Charlie*. Es gibt ein Bild zusammen mit dem Sänger Abi Ofarim, das einer Krise und das der jungen Mutter, die den Namen des Vaters für sich behält. Es gibt das Bild des naiven Doofchens zusammen mit Ingrid Steeger in *Zwei himmlische Töchter* und das der Ulknudel in *Sketchup*. Und dann sind da noch die Bilder der Schauspielerin, die regelmäßig zur erotischsten Frau Deutschlands gewählt wird, sowie der Frau, die sich für die Versöhnung mit Israel und für Toleranz einsetzt. Das ist das aktuellste.

Mir wären bestimmt noch mehr Bilder eingefallen, doch plötzlich rutscht ein Hund, der nach einem Spurt auf dem glatten Parkett die Kurve nicht mehr kriegt, hilferudernd an mir vorbei. Er sieht aus wie Struppi im Comic *Tim und Struppi*, und als er endlich wieder Kontrolle über seine Hundelaufbahn hat, beißt er stolz auf einen quietschenden Gummischuh. Paul, der Hund von Iris Berben.

Auf dem Esstisch liegt das Buch von Carola Stern, Iris Berben soll es als Hörbuch sprechen. Im Regal stehen viele Fotos von Iris Berben mit Shimon Peres. Im Arbeitszimmer lehnt ein großes Fotos von ihr mit Courtney Love an der Wand. Shimon Peres und Courtney Love: Intellekt und

Emotion, Ernsthaftigkeit und Kindlichkeit, schützen und beschützt werden, Kontrolle und Haltlosigkeit. Sogar die Form der Bilder passt: Courtney steht groß und gewaltig im Hinterzimmer, Shimon Peres dezent, aber unübersehbar im Wohnzimmer. Sind das die beiden Sehnsuchtspole, zwischen denen sich Iris Berben bewegt? Zwischen denen wir Frauen uns vielleicht alle bewegen? Unser Idealbild vom glücklichen Leben?

Iris Berben wurde am 12. August 1950 in Detmold geboren. Der Vater war Koch, und zusammen mit seiner Frau betrieb er eine Gaststätte. Mit den Eltern wollte es aber nicht so recht klappen, Iris Berben blieb das einzige Kind, und 1954 wurde die Ehe geschieden. Sie kam für eine Weile zu den Großeltern und zog dann mit der Mutter nach Hamburg, die dort eine Stelle an der Führungsakademie der Bundeswehr fand. Wenn Iris Berben von den Erinnerungen an ihre frühe Kindheit erzählt, dann schildert sie zwei Gefühle: zum einen das warme Gefühl, wenn sie an ihre Großeltern denkt – der Opa war Schneider, und die Oma hat Milch verkauft. Der Höhepunkt des Jahres war Weihnachten, wenn alle sieben Kinder sich mit den Enkeln bei den Großeltern versammelten. Zum anderen die Angst und Unsicherheit, die die lauten Streite der Eltern bei ihr ausgelöst haben. Und dann hat sie noch etwas anderes ziemlich früh gemerkt: »Ich wusste, dass ich jemand war, der unterhalten konnte, der gerne im Mittelpunkt stand, über den man lachen konnte und den man angeguckt hat.« Mit vierzehn Jahren wurde sie im Internat zur Miss Internat gewählt. »Das war eine Form von Aufmerksamkeit.« Iris Berben macht eine Pause, und ich erwarte jetzt, dass sie »Die mochte ich nicht« sagt. Das würde zum aktuellen, eher kühlen Berben-Öffentlichkeitsbild am besten passen. Aber sie mochte sie, die Aufmerksamkeit, und ich bin erleichtert. Vielleicht, weil es mir das Gefühl gibt, dicht dran zu sein. Das kann ich verstehen, das klingt ehrlich. Es gibt ja nichts Schlimmeres, als wenn eine schöne Frau sagt, sie mag ihren Körper nicht. Das wird Iris Berben allerdings auch noch sagen. Da ist sie mir fremd, da habe ich das Gefühl, weit weg zu sein. Vielleicht gibt es einen Grund, den ich verstehen könnte, vielleicht, aber das sind die Grenzen unseres Gesprächs.

Die Reise zum Mittelpunkt der Aufmerksamkeit brachte sie mit siebzehn zum ersten Mal in die Zeitung. Sie hatte die Schule geschmissen, war in die Hamburger Studentenszene eingetaucht und war Hauptperson in einem Reklamejux, den der PR-Agent Karl E. Schmidt für seinen bislang unbedeutenden Künstlerfreund Egon Possehl in der Hamburger Galerie Commeter organisierte. Possehl stellte erstmals aus, und Schmidt hatte sich entschlossen, ihm zu helfen. Er ließ einen *Bild*-Journalisten wissen, dass ein reicher Amerikaner den Zyklus *Die sieben Todsünden* für 270000 Dollar gekauft habe. Für die Vernissage kündigte Schmidt so berühmte Gäste wie Brigitte Bardot samt Gunter Sachs, Claudia Cardinale und Jeanne Moreau an. Um seine Stars zu schützen und um eine eventuelle Störaktion des Sozialistischen Deutschen Studentenbundes zu verhindern, forderte Schmidt berittene Polizei an. Der *Spiegel* schrieb, Schmidt hätte sogar die einfachen Verkehrspolizisten, die in schlichtem Blau erschienen waren, weggeschickt. Sie mögen doch in weißer Uniform wiederkommen, das sei dem exklusiven Anlass angemessener. Um achtzehn Uhr drängelten sich dann Journalisten, drei Fernsehteams und eine Horde Schaulustiger um die besten Plätze in der Galerie. Sogar Hamburgs Exbürgermeister Paul Nevermann hatte Schmidt als Lobredner gewinnen können. Und Iris Berben schickte Schmidt mit dem Auftrag »Lauf durch und quatsch Englisch« in die Galerie. Sie trug einen mondänen weißen Hut, so wie sich der PR-Agent eben die berühmte Kunstsammlerin Peggy Guggenheim vorgestellt hatte – als die sollte sich die siebzehnjährige Berben nämlich ausgeben. »Schmidt hatte die Vorstellung, die in Wirklichkeit neunundsechzigjährige amerikanische Kunstsammlerin sei eine ›dufte Mieze‹«, stand danach im *Spiegel* zu lesen. »›Denn sonst‹, entschuldigte der PR-Agent damals seinen einzigen Regiefehler, ›hätte ich ja eine alte Oma rangeschafft.‹« Aber auch so bemerkte keiner der Anwesenden den Fehler.

Ein andermal ließ Iris Berben sich als Raubkatze schminken und wackelte auf allen vieren an der Leine und mit übergeworfenem Leopardenfell durch Hamburg. Sie sprengte Partys, »völlig geisteskrank«, sagt Iris Berben, es durfte bloß nichts Normales sein. Es wurde nicht geredet, sie stürmte nur rein, schlug sich am Buffet den Bauch voll, und dann nichts wie raus. Auffallen, verwirren, verunsichern – das war eine Art Lebensmotto.

Ich frage Iris Berben, ob sich das Bild, das sie damals von sich selbst hatte, mit dem Bild von der Person, die sie gerne sein wollte, deckte. Wer sie sein wollte, sagt Iris Berben, das hätte sie nicht gewusst. Sie wusste nur genau, was sie nicht wollte. Als sie das letzte Internat verlassen musste, war sie siebzehn Jahre alt, ihre Mutter arbeitete seit fünf Jahren in Portugal. Sie habe sich irgendwie beschädigt gefühlt, sagt Iris Berben. »Im Nachhinein klingt das jetzt so lässig, aber damals war jeder Rausschmiss ganz schön demütigend. So Sätze wie: ›Ihre Tochter fügt sich in keine Gemeinschaft ein.‹ Oder: ›Ihre Tochter ist ein Mensch, der eine Gemeinschaft stört‹, haben mich in eine große Unsicherheit versetzt. Ich bin zwar rotzig weggegangen, aber ich habe mich dauernd gefragt: Was ist denn an mir, warum passe ich nicht? Wohin passe ich denn?«

Soll man sich kennen lernen? Und was ist das überhaupt, das Ich? Ist das Ich eine Konstruktion – wie ein Haus, an dem man lange baut? Und wird uns dieses Haus nach seiner Errichtung gefallen, oder werden wir es ständig rastlos umkreisen und feststellen, dass es überall noch verbessert werden müsste? Ist das konstruierte Ich ein unglückliches, entzweites Bewusstsein, weil auf das Konstruieren die permanente Selbstreflexion folgt? Und wer hat Einfluss auf die Normen und Werte, die der Selbstreflexion zu Grunde liegen, darauf, wie wir sind? Die Eltern, die Politik, die Kultur, das Fernsehen, die Musik, der Kaufhof? Und darauf, wie wir sein wollen? Die Eltern, die Politik, die Kultur, das Fernsehen, die Musik, der Kaufhof? Und ist das alles dann noch das Ich?

Ich ist etwas anderes hieß eine Ausstellung der Kunstsammlung Nordrhein-Westfalen, die sich damit beschäftigte, was Identität ist und wie sich das Selbst im gesellschaftlichen Umfeld definiert. Im Zentrum stand die Frage, ob das Ich immer einen Spiegel – also einen anderen Menschen – braucht, um sich zu erkennen. Die Fotos der Künstlerin Cindy Sherman, die in der Ausstellung zu sehen waren, sollten solche Spiegel sein. Sie zwingen den Betrachter, etwas von sich darin zu erkennen. Sherman schreibt dazu im Ausstellungskatalog: »Der Inhalt der ›centerfolds‹ sind Frauen in horizontalen Formaten, die Männer dazu einladen, hier eine Anmache wie im *Playboy* zu erwarten. Es gibt anziehende Details in den ›centerfolds‹ – zum Beispiel eine Beinstellung, ein Stück Haut, Schweiß usw. –, die diese Erwartung auf den ersten Blick provozieren. Aber wenn man genauer hinschaut, hat man zum Beispiel das Gefühl, jemanden in einem sehr privaten und vielleicht auch schrecklichen Moment überrascht zu haben. (...) Es geht darum, dass man sich schlecht dabei fühlt, das Foto als

Anmache empfunden zu haben. Ich bestrafe den Betrachter dafür, solche Vorurteile über die Pose oder den Look einer Frau zu haben.« Es geht Cindy Sherman also um die Frage, inwieweit wir durch die Medien, unser gesellschaftliches Umfeld und die davon definierte Rolle von Mann und Frau geprägt sind.

Iris Berben trägt das Etikett erotisch. Dafür habe sie lange gekämpft, sagt sie. Sich jetzt darüber zu beschweren, dass sie darauf häufig reduziert wird, darf sie eigentlich nicht, findet sie. Ich frage sie nach den Frauen in ihrer Familie. Haben die etwas gemeinsam? Ihre Ururgroßmutter, eine geborene von Tettenborn, war mit ihrem Klavierlehrer durchgebrannt. Da das Verhältnis nicht standesgemäß war, wurde sie von der Familie verstoßen. Ihre Großmutter ermöglichte es später allen sieben Kindern, ins Ausland zu gehen, ihre Mutter schlief im Schaufenster einer Bäckerei, um das Geld für die Miete zu sparen und sich so nach dem Krieg zuerst das Abitur und dann das Studium in Heidelberg leisten zu können. Und wäre ihr nicht Iris' Vater begegnet und sie schwanger geworden, hätte sie auch ihr Studium abgeschlossen. Die Berben-Frauen, sie scheinen alle einen freien Geist zu haben.

Hat sie ihrer Mutter diesen freien Geist nicht übel genommen? Sie hat sie schließlich schon früh verlassen. Als ihre Mutter nach Portugal ging, war Iris Berben zwölf Jahre alt. Da sie ohne Mutter aufgewachsen sei, habe sie schnell die Angst vor Erwachsenen verloren. Aber übel genommen habe sie ihr das eigentlich nicht, sagt Iris Berben. Wenn sie jetzt zurückdenke, habe sie zwar keine zwei Jahre bei ihrer Mutter gewohnt, und natürlich könnte man sagen, dass das eine schwere Zeit gewesen sei. Sie habe das aber als Kind nicht so wahrgenommen. Ihre Mutter sei ganz im Gegenteil immer die Messlatte gewesen. Für sie wollte sie Erfolg haben, und deshalb litt sie zugleich immer an schwersten Verunsicherungen, zum Beispiel, da sie ihr Abitur nicht gemacht hatte.

Die Mutter ist der Kompass geblieben, bis heute. Was sagt meine Mutter dazu?, das sei oft die erste Frage, die sie sich stelle, sagt Iris Berben. »Woher das kommt? Ich glaube schon, dass das etwas damit zu tun hat, dass ich mir ihre Liebe immer erkämpfen musste. Und dass ich sie mir auch immer wieder bestätigen lassen musste, weil sie sie nicht durch Zärtlichkeit gezeigt hat.« Ihre Mutter war in Bezug auf Körperlichkeit und Gefühle eher ein zurückhaltender Mensch. Das habe später zu großen Spannungen geführt, weil sie es beide nicht geschafft hätten, die Erwartungen, die sie aneinander hatten, auszusprechen. »Ich glaube, die Aggression, die zwischen uns aufkam, hatte damit zu tun, dass ich gedacht habe, na komm, ich habe mein Leben jetzt dreißig Jahre allein geregelt, da brauche ich auch jetzt keine Aussprache mit dir.«

Die Mutter versuchte, ihre kühle Art einmal mit dem Verhältnis zu ihren eigenen Eltern zu erklären: Als ihr Vater, Iris Berbens Großvater, sehr krank gewesen sei, da habe sie ihre Mutter an seinem Bett weinen sehen. Sie habe dann gefragt, warum die Mutter weine, ob der Vater sterben werde? Nein, habe die Mutter geantwortet, der Vater habe nur nach fünfzig Jahren erstmalig ihren Vornamen ausgesprochen.

»Ich habe mit meiner Mutter im Januar zum ersten Mal darüber geredet, ob da bei mir ein Defizit gewesen ist«, sagt Iris Berben. Als Kind hat sie die Abwesenheit ihrer Mutter mehr als ein Privileg erlebt, denn sie konnte viermal im Jahr nach Portugal fahren, während die anderen Internatskinder in den Ferien zu Hause in Deutschland blieben. Dass sie heute Familie und Freunde so pflege, sei aber sicherlich eine

Reaktion darauf, dass sie die familiäre Geborgenheit nie erlebt habe. Dafür habe ihre Mutter ihr allerdings die teuren Internate ermöglicht. Wenn man also etwas aufrechnen wollte, sagt Iris Berben, dann sei da kein Defizit entstanden. Man müsse außerdem auch die Zeit berücksichtigen – das sei jetzt fünfzig Jahre her. Damals habe man über Gefühle nicht so offen geredet, damals habe man die Fragen, die man heute stellen würde, nicht gestellt. Während sie das sagt, wischt sie über den Holztisch, so als blätterte sie in einem alten Fotoalbum – und als hätte sie sich entschlossen, bestimmte Dinge einfach gut sein zu lassen.

Ob sie ihren Selbstmordversuch heute noch verstehen könne, frage ich Iris Berben. An jenem Abend im Juli 1969 war sie neunzehn Jahre alt. Sie hatte mit Rudolf Thome *Detektive* gedreht und danach noch zwei Filme: Einer hieß *Brandstifter* und handelte vom Kaufhausbrand der Baader-Meinhof-Gruppe in Frankfurt.

Da sitze ich vor Iris Berben und denke, es lief doch alles gerade so gut. Ich denke es nur, obwohl die Frage mir ständig durch den Kopf geht. Es ist diese unzerstörbare, falsche Hoffnung, dass Erfolg zum Glück führt, die diese Frage wie mit Sekundenkleber in meinem Kopf festklebt. Für den *Stern* war Iris Berben damals »das neue deutsche Gesicht«, die anderen Zeitungen schrieben: »die Freundin des Sängers Abi Ofarim«, »das Mädchen«, »das Filmsternchen«.

»Ich schien mir so überflüssig, austauschbar, ersetzbar«, sagt Iris Berben. »Und ich wusste, es wird sich nur einfach alles immer wiederholen. Ob ich jetzt sage ›Liebe‹ oder ›Schmerz‹, die Worte hat es schon alle gegeben, für alle schon gegeben.« Das Gefühl, sich ständig zu vervielfältigen, in Bildern, Filmen und in den Erwartungen anderer, und sich dabei gleichzeitig aufzulösen, sich nur noch als

Simulation dessen wahrzunehmen, was andere in einem sehen – wie kann man sich das vorstellen? Vielleicht wie auf einem Jahrmarkt, in einem dieser großen Spiegelkabinette, die einen mal dick, mal dünn, mal kopfüber erscheinen lassen. Am Anfang lacht man darüber, es ist einem auch peinlich, und wenn man zu lange vor den Spiegeln steht, dann vergisst man, welcher Spiegel der eigenen Wirklichkeit am ehesten entspricht. Das Eigene löst sich auf. Dann wäre es gut, jemanden neben sich zu haben, der einem sagt, in welchem Spiegel man sich tatsächlich sieht, oder noch besser, der einen da herausbringt. Denn der Verwirrte wird sofort fragen, ob es so etwas wie Wirklichkeit überhaupt gibt oder ob das Bild, das er von sich selbst hat, nicht nur eine Reproduktion von Bildern und Klischees ist, die er in der Welt gesammelt hat.

Armin Zweite zitiert im Katalog der Ausstellung *Ich ist etwas anderes* Anthony Aziz und Sammy Cuccer: »Und während die ewige Auseinandersetzung sich um die Erscheinung von Wahrheit und um die Wahrheit selbst dreht, ist die Simulation die einzige Wahrheit, auf die wir uns verlassen können.« So was will man zwischen hunderten Spiegelbildern von sich selbst wohl am wenigsten hören.

Iris Berben wurde nach ihrem Selbstmordversuch in eine psychiatrische Klinik eingewiesen. Sie sollte erklären, was los war. Aber sie wollte nicht. Und so erzählte sie dem einen Arzt die eine Geschichte und dem anderen eine andere. Was nicht gerade dazu führte, dass sie schneller entlassen wurde. In den Zeitungen stand: Drogen, Liebeskummer und ein heftiger Streit mit ihrem Freund Abi Ofarim seien die Gründe für den Selbstmordversuch gewesen. »Nein«, sagt Iris Berben, »ich war in der Situation ganz klar. Ich habe schon als ganz junges Mädchen über den Tod nachgedacht. Im Internat hat man mir gesagt, der Tod ist die Erlösung, danach beginnt das eigentliche Leben. Das Thema Tod war mir sehr vertraut. Ich habe mich dann gefragt, warum betreibt man den wahnsinnigen Aufwand und sucht nach der richtigen Lebensform, nach der Antwort auf die Frage: Wann bin ich glücklich, wann unglücklich? Was tut einem gut, was nicht? Wenn es sowieso egal ist, weil irgendwann der Tod kommt, warum macht man das dann? Ich hatte das Leben verstanden, aber es ergab keinen Sinn. Ich war ganz ruhig. Tabletten hatte ich genügend, weil ich schon immer irrsinnig schlecht schlafen konnte. Ich glaube, mir ist damals die Verantwortung, die man für sich als Person im Leben haben muss, abhanden gekommen. Mein Selbstwertgefühl reichte damals nicht aus, um hier bleiben zu wollen. Ich nehme an, wenn meine Mutter als Gesprächspartner da gewesen wäre oder ich eine beste Freundin gehabt hätte – mir hat wohl einfach nur jemand zum Reden gefehlt, ich habe die Gespräche mit mir allein geführt. Und habe mir dann auch die Antwort gegeben.«

Man merkt ihr an, dass sie über dieses Thema nicht mehr sprechen mag. Das Ganze liegt jetzt über dreißig Jahre zurück. Es gehört zu ihrem öffentlichen Leben, immerhin war die *Bild*-Zeitung damals schon am nächsten Tag an ihrem Krankenbett und druckte ein Foto von ihr. Deshalb wird sie auch immer wieder damit konfrontiert. Es gehört natürlich auch zu ihrem privaten Leben. Und für sich habe sie eine Erklärung gefunden, und darüber hinaus, sagt sie, habe sie keine Lust mehr, darüber nachzudenken.

Hat das Leben einen Sinn? Die *Zeit* veröffentlichte 2004 die Antworten von fünfzehn Autoren auf ebendiese Frage, die ihnen ein vierundzwanzigjähriger Psychologiestudent und seine siebzehnjährige Freundin 1962 in einem Brief gestellt hatten. Die Antworten gingen später verloren und wurden erst jetzt auf einem Dachboden entdeckt. Die verschiedensten Antworten, von ja über vielleicht bis nein, waren dabei. Der Dadaist Raoul Hausmann trat als rechter Mutmacher auf: »Soweit ich jemals sehen konnte«, schreibt er, »hat das Leben keinen Sinn.« Und er gibt den beiden den Rat: »Glauben Sie niemandem. Die Menschen sind zu feige, um sich selbst zu sehen.« Walter Jens wärmt dagegen direkt mit dem ersten Satz: »O ja, ich glaube sehr wohl, dass das Leben einen Sinn hat«, und um ihn zu finden, rät er, im alltäglichen Tagesablauf zwischen sinnvoll und sinnlos zu unterscheiden. »Dann finden Sie, möchte ich meinen, den ›Sinn des Lebens‹, ohne dass Sie es merken.« Und Max Frisch schreibt: »Sie überfordern mich mit dieser Frage. Nehmen Sie einmal an, das Leben habe einen Sinn, und dann suchen Sie ihn, indem Sie leben. Oder schauen Sie sich das Leben anderer Menschen an, Sie werden Menschen finden, deren Leben sich lohnt, und ich meine damit nicht berühmte Menschen. Seien Sie getrost, dass Sie immer wieder Dinge erleben werden, wo die Frage sich einbringt, wo das Leben sich selbst genug ist und nicht ein Ziel hat.«

Iris Berben hat so gelebt, als befolge sie den Rat Max Frischs. Ein Jahr nach dem Selbstmordversuch bekam sie einen Sohn. Wenn sie schon nicht für sich selbst Verantwortung übernehmen kann, dann wenigstens für jemand anderen. 1975 lernte Iris Berben Gabriel Lewy kennen, einen Juden aus Israel, und mit ihm erschließt sich ihr eine ganz neue Welt und ein völlig neues Thema. In München begann nun ein Leben mit Kind, Mann, Beruf, Geld und vielen Reisen nach Israel.

War damit Ruhe eingekehrt? »Die Sehnsucht nach einem Studium und danach, dass alle Filme im Feuilleton besprochen werden, der Wunsch, jemand anders zu sein, mehr und etwas anderes zu können, das alles«, sagt Iris Berben,

»ließ, als ich zwischen dreißig und vierzig war, zum ersten Mal ein bisschen nach.« Es begann eine Phase der Anpassung. Sie arbeitete für das Fernsehen, 1978 in der Stewardessenserie *Zwei himmlische Töchter*, 1984 in der Sendung *Sketchup* mit Diether Krebs, die Einschaltquoten von vierzig Prozent hatte. Die Fragen, die sie damals beschäftigten, waren: Bin ich eine gute Mutter? Soll ich weniger arbeiten?

Courtney Love wurde kürzlich vierzig Jahre alt, und bei ihr scheint es diese Ruhe- und Anpassungsphase zwischen dreißig und vierzig nicht zu geben. Sie fällt immer wieder wegen Drogenmissbrauchs auf, kippt von der Bühne und muss um das Sorgerecht für ihr Kind kämpfen. Das Foto mit Love und Berben ist nach der Premierenfeier zu Loves Film *Larry Flint* in Berlin entstanden. »Die war so körperlich«, sagt Iris Berben, »das mochte ich. Die hat gleich angefasst.«

Wird sie ein bisschen neidisch auf das wilde, unangepasste Leben? Kommt sie ins Grübeln über den eigenen Lebensweg? Hat sie sich zu sehr angepasst? Oder ist sie froh, aus dieser Crash-Test-Dummy-Zeit heraus zu sein? »Die Sehnsucht danach, wieder so unkontrolliert sein zu können und das auch durchzuziehen, die ist da«, sagt Iris Berben. »Und wenn man dann so nah dran ist und das sieht, dann ist der Wunsch größer als die Frage, was hält dich eigentlich davon ab? Auf der anderen Seite kann ich mir aber, durch die Art, wie ich lebe, durch die Sicherheit, die ich habe, ganz andere Freiheiten nehmen. Ich glaube sogar, dass ich mich in den frühen Jahren viel mehr angepasst habe. Heute entziehe ich mich vielen Dingen. Dieses Unbändige und Wilde kann dich letztlich viel mehr einschränken. Du hast dann nur diese eine Fahrbahn. Dass die Sehnsucht bleibt, das kann man nicht verhindern. Ich merke aber schon, dass mir die Spontaneität, die ich früher hatte, verloren geht.

Und ich muss aufpassen, dass ich nicht das Gefühl bekomme, ich wage nichts mehr.«

In einem Interview mit David Byrne von den Talking Heads, das die *Süddeutsche Zeitung* geführt hat, sagt Byrne, der Tag, an dem er sich gegen ein Leben außerhalb der gesellschaftlichen Normen und für ein angepasstes Leben entschieden habe, sei die Geburt seines Kindes gewesen. Natürlich habe er Angst gehabt, dass er spießig und langweilig würde, dass er nie wieder etwas Interessantes oder Aufregendes machen würde, dass sich seine ganze Kreativität verabschieden würde. Weil er glaubte, zu sterben, wenn er nicht am Abgrund balanciere. Er hat überlebt. Vor allem deshalb, weil er sich seine kleinen Abgründe selbst geschaufelt hat. Indem er Situationen gesucht hat, die er noch nicht kannte und in denen er auch komplett versagen konnte.

1997 bekam Iris Berben das Bundesverdienstkreuz, 2000 die Goldene Europa als beliebteste deutsche Schauspielerin, 2002 den Leo-Baeck-Preis, 2003 wurde sie von der Zeitschrift *Time* zur Heldin Europas gekürt. 2004 wurde ihr die Goldene Kamera verliehen. Verändert so etwas das Bild von sich selbst?

»In der Öffentlichkeit pflegt man ja manchmal ein Bild von sich – oder ein Klischee –, um mehr Freiheiten zu haben. Aber die Öffentlichkeit kann einen umgekehrt auch sehr verunsichern. Dann fragt man sich, bist du eigentlich so, wie die Leute dich beschreiben, bist du wirklich so, wie die Leute dich sehen, oder bist du das Gegenteil? Wer ich bin oder wie ich bin, das ist nicht zu beantworten. Da gibt es ein Außenbild, und das Ich in meiner eigenen Definition. Manchmal übernimmt man auch einfach ein Bild, das ein anderer von einem macht, und man fragt sich dann oft, nehme ich es, weil es stimmt oder weil es mir schmeichelt? Diese Selbstanalyse, dieses Abgleichen des Idealbilds mit dem Realbild, das man von sich hat, das hört ja nicht auf.«

An dieser Stelle mache ich das Aufnahmegerät aus, und zeitgleich springt Iris Berbens Faxgerät an. Eine Einladung, der Kanzler wird sechzig Jahre alt.

Wie giftig ist der Neid?

Stephan Lebert unterhält sich mit Frank Schirrmacher

Frank Schirrmacher ist ein Mann, der Sachverhalte gerne auf den Punkt bringt, zuspitzt. Er sieht schneller als andere die Themen, die in Kürze die Gesellschaft prägen werden. Das war bei der Gentechnik so, auch beim Alterungsprozess der Deutschen. Und er bringt das Talent zum großen Drama mit. Er kann mit viel publizistischer Kraft aus den Anfängen des Moments ein Zukunftsbild entstehen lassen, das beunruhigt. Frank Schirrmacher hat die Fähigkeit zur Kassandra.

Deshalb sitze ich mit ihm im Berliner Büro der *Frankfurter Allgemeinen Zeitung*. Ich will mit ihm über das Thema Neid sprechen, darüber, wie sich der Neid in den vergangenen Jahren in unserer Gesellschaft verändert hat. Inspiriert wurde ich dazu von dem Frankfurter Sozialpsychologen Rolf Haubl, der in letzter Zeit den Neid in einer besonders unangenehmen Ausformung im Vormarsch sieht.

Die Menschen sind neidisch auf die vermeintliche Befriedigung, die andere aus Reichtum, Besitz, Glücksmomenten, Beziehungen ziehen. Der Neid ist also eine Sache der Interpretation: Der Neidische ist der Überzeugung, einem anderen gehe es besser als ihm selbst, und dies, natürlich, unverdientermaßen. Er stellt sich das Glück des anderen vor. Er ist nicht neidisch auf den Porsche des Nachbarn, er denkt sich aus, wie der Herr Nachbar mit irgendwelchen Frauen da drinsitzt, und bekommt schlechte Laune.

Das unterscheidet sich wesentlich vom »Neidkraftwerk«, das nach der Definition des Philosophen Peter Sloterdijk der westliche Kapitalismus ständig aufheizt, damit Menschen etwas haben wollen, was sie bislang noch nicht haben. Man tritt in Konkurrenz, strengt sich an, man will besser werden, weil man das Gefühl nicht ertragen kann, weniger zu haben oder unterlegen zu sein. Dieser Neid sorgt für Energie.

Der Neid, den der Sozialpsychologe Haubl beschreibt, lähmt. In einem Interview mit der Zeitschrift *Geo* sagt er: »Der in dieser Form neidische Mensch entwickelt eine Art Tunnelblick: Er sieht nur noch die Vorteile des anderen und ignoriert völlig, dass diese oft durch Leistungen und Entbehrungen erworben sind, die er selbst nicht bereit wäre zu erbringen. Unterdrückte Wut wird zur lebensbestimmenden Emotion und verdeckt die Sicht auf die eigenen Chancen – eine schleichende Selbstvergiftung.« Haubl nennt als Beispiel zwei Frauen, die mit dem gleichen Designerkleid auf eine festliche Gala gehen. Sie beneiden einander, weil die eine jeweils der anderen unterstellt, dass sie in dem Kleid besser aussieht und deshalb eine größere Befriedigung aus ihrer Garderobe zieht. Hier zeige sich das Prinzip, sagt Haubl: »Der Neid bezieht sich in Wirklichkeit immer auf psychische Zustände, die man dem anderen zuschreibt.«

Früher Nachmittag in Berlin. Frank Schirrmacher ist ein bisschen im Stress, er muss noch einen Text redigieren, ein paar Mal läutet sein Handy. Als ruhenden Pol kann man sich diesen Mann eh nicht vorstellen, er scheint immer in Bewegung zu sein, auch immer ein wenig unter Strom. Was Gespräche mit ihm spannend machen, ist eine Eigenschaft, die fast überrascht: Er kann zuhören. Und dann reagiert er, schlägt Funken, treibt das Thema weiter wie auf einer Expedition durch ein fremdes Gebiet. Mit Schirrmacher kommt man immer irgendwo an.

Er war lange Zeit stets der Jüngste. So jung wie er war noch keiner, als er Nachfolger von Marcel Reich-Ranicki im Literaturressort der *FAZ* und danach *FAZ*-Herausgeber wurde. Heute ist er fünfundvierzig Jahre alt, die Wellen der Anfeindungen gegen seine Person glätten sich allmählich. Die teilweise heftigen Angriffe hatten wohl mehrere Gründe: Da ist sein beispielloser Aufstieg, der Neidgefühle geradezu herausfordert, da ist seine publizistische Macht, und da ist sicher auch seine Art, die zuweilen verletzend sein kann. Mit den Jahren hat sich das alles etwas gelegt.

Das momentane, öffentliche Bild von Frank Schirrmacher: Er gilt als einer der wenigen kreativen, unruhigen Köpfe im deutschen Journalismus.

Er gießt sich Kaffee ein und will wissen, was das nun für ein Buch sein soll, für das er sich interviewen lässt. Er nimmt das Konzept zur Kenntnis, interessant findet er vor allem den Gedanken, sich den sieben Todsünden zu nähern. Denn große Gefühle, große Konflikte, all das werde in Zukunft weit bedeutender, »weil die Zeiten archaischer werden«. Deutschland werde sich verabschieden von der allgemeinen Harmonie, harte Zeiten stünden bevor, »darauf haben wir uns einzustellen, das ist sicher«.

Neid? Er verzieht ein wenig das Gesicht. Er habe Schwierigkeiten mit diesem Thema, der Neid sei ihm fremd. Nein, das solle jetzt nicht wohlfeil klingen, nach dem Motto: Neid, das kenne ich nicht. Es gehe ihm um etwas anderes: Er glaube, Neid sei eine Sache des genauen Blicks. Natürlich könne man beispielsweise neidisch auf bestimmte Begabungen von Menschen sein. Wer möchte nicht so schreiben können wie Thomas Mann? Was könnte schöner sein, als Musik zu komponieren wie Mozart? Wer will nicht so beobachten können, wie es Franz Kafka getan hat? Gut, aber will man wirklich das Leben haben von Thomas Mann? Die Krankheiten von Mozart? Oder die Ängste eines Franz Kafka? »Verstehen Sie, was ich meine?«, fragt Schirrmacher. Je genauer man hinschaue, desto skeptischer werde man doch, »nehmen Sie Kafka, der hat die Frage ja sich selbst immer gestellt: Möchte ich Franz Kafka sein? Das kann man in seinen Aufzeichnungen und Briefen nachlesen. Er hat diese Frage eher verneint«. Andererseits, sagt Schirrmacher und springt ein wenig über den Themenrahmen hinaus, habe Kafka eine große Aufgabe gehabt, er wollte mit seiner Literatur die Welt retten, »dieser Aspekt ist in der Kafka-Forschung noch nicht genügend gewürdigt«.

Zurück zum Neid, und Schirrmacher sagt: »Lebensgeschichten relativieren im Grunde so unendlich viel. Sie sind ein gutes Mittel gegen den Neid, sie müssten es jedenfalls sein.« Er zumindest möchte mit niemandem auf der Welt tauschen. Das habe damit zu tun, dass er zufrieden sei mit seinem Leben, und vielleicht schwinge da auch eine gewisse Selbstüberschätzung mit, »aber vor allem ist es die Angst, o Gott, wenn ich getauscht habe, ist dieses andere Leben nicht möglicherweise vielleicht ganz schrecklich?«

»Können Sie nachvollziehen, wenn Ihnen andere Ihren Erfolg neiden?«, frage ich ihn. Eigentlich nicht, antwortet er, und zwar aus demselben Grund: Er wisse ja, wie sein Leben sei, sein Alltag, der Blick morgens in den Spiegel: »Ich habe das nie verstanden: Darauf sollen die Leute neidisch sein?« Was er hingegen verstehen könne: »Ich verspüre manchmal einen gewissen Neid auf bestimmte Lebensabschnitte von Menschen, auch Lebensorte.« Zum Beispiel? »Na, wie die Arnims beispielsweise vor Berlin in ihrem schönen Wiepersdorf lebten, das habe ich immer großartig gefunden, da wäre ich auch gerne dabei gewesen.

Oder Gerhart Hauptmanns Leben in den Zwanzigerjahren. Oder was Rudolf Augstein Anfang der Sechziger alles verwirklichen konnte, eine solche Situation mit einer solchen Begabung zu erleben ist schon etwas Großartiges.« Sich das zu überlegen, mache Spaß, keines dieser Leben möchte er vollständig gelebt haben, bitte nicht, aber einzelne Aspekte, das schon. Ein ganz besonderes Baukastenprinzip.

Der genaue Blick, er ist verloren gegangen in Deutschland. Hat es mit fehlendem Interesse zu tun, mit fehlender Neugier? Man sieht nicht exakt hin, zum Beispiel auf die Arbeit der allermeisten Menschen. So haben immer mehr Leute das Gefühl, nicht gesehen zu werden. Man könnte es auch anders ausdrücken: Es wird ihnen der Respekt vorenthalten. Der Weg vom verweigerten Respekt zum Neid ist sehr kurz.

Ich lag einmal mit einem jüngeren Mann namens Helmut ein paar Tage und Nächte in einer Münchner Klinik. Er wartete auf eine Krebsoperation. Das war irgendwann Ende der Neunzigerjahre. Ich weiß nicht, ob er heute noch lebt.

Helmut war Anfang dreißig, er stammte aus der ehemaligen DDR. »Ich bin von Beruf Arbeiter«, stellte er sich vor. »Was ich anpacke, das funktioniert. Ich bin mir für nichts zu schade. Ich habe immer gerne gearbeitet.« Solche Sätze sagte er. In der DDR war er im Bergbau tätig gewesen, in der Nähe von Zwickau. Gleich nach der Schule fing er da an. Es war kein normaler Bergbaubetrieb, leider, es war die Firma Wismut, die ihre Leute unter die Erde schickte, damit sie stark radioaktives, hochgefährliches Uran nach oben holten. Nur klärte sie ihre Arbeiter nicht über die Gefahren auf. Die bekamen nicht einmal spezielle Schutzkleidung. Nach der Wende wurde dieser gigantische Umweltskandal nach und nach aufgedeckt. Helmut kannte all diese Geschichten.

»Heute wissen wir es alle: Unsere Chefs waren Verbrecher«, sagte er, im Krankenbett liegend.

Helmut hatte Probleme mit den Zähnen, außerdem »keine guten Knochen« und war zeugungsunfähig. »Meine leeren Spermien haben mit dem Uran zu tun, glauben die Ärzte«, sagte er. Und der Krebs? Achselzucken. Könne man nicht genau sagen.

Eines Abends erzählte er sehr lange von der DDR, also von dem Land, das ihn kaputtgemacht hatte. Sein Blick zurück fiel demzufolge auch nicht besonders nostalgisch aus, war aber im Ganzen doch von einer gewissen Sympathie geprägt. Das mag daran gelegen haben, dass man im Angesicht einer tödlichen Krankheit möglicherweise ziemlich fürsorglich mit der eigenen Vergangenheit umgeht. Was hilft am Ende auch die Einsicht, dass alles ein großer Betrug war? Helmut berichtete mir von der DDR aus einem bestimmten Grund: Er wollte mir klarmachen, dass trotz aller Fehler das Leben dort für ihn besser war als das Leben in der bayerischen Kleinstadt, in der er inzwischen als Bauarbeiter lebte. In der DDR sei es zwar ein Schwindel und eine Farce gewesen, »das wussten wir auch damals schon«, wenn die Herren Honecker und Co. vom Arbeiter- und Bauernstaat schwärmten und von der wichtigen Rolle der Arbeiter. »Aber«, sagte Helmut, und es waren nur wenige Stunden vor seiner Operation, »bei euch sind wir gar nichts wert, nichts. Der einfache Arbeiter ist nichts als Dreck in diesem System. Es gibt keinen Stolz, den haben sie alle verloren. Verstehst du, wir sind die Letzten, wir sind der Dreck. Damit zu leben ist viel schwerer als mit irgendwelchen Lügen.«

In den Gesprächen mit meinem todkranken Zimmergenossen habe ich damals begriffen: Das Gelingen eines Lebens hängt wesentlich davon ab, ob und wie sehr sich ein Mensch mit seiner Arbeit identifizieren kann, ja, wie sehr er stolz darauf sein kann, egal, ob er Künstler oder Manager, Sekretärin oder Journalist, Maurer oder Lokführer ist. Klingt schrecklich banal, diese Erkenntnis, aber sie gerät einem gelegentlich aus dem Blick, in einer Welt, die sich hauptsächlich um Menschen dreht, die auf irgendeine Weise im Rampenlicht stehen.

Es ist ein Missstand: Viele haben den Respekt verloren vor anderer Leute Arbeit, vor anderer Leute Leben. Und man muss kein Klassenkämpfer sein, um festzustellen, dass der Respekt besonders denen gegenüber abnimmt, die eher unterdurchschnittlich verdienen. Der deutsche Arbeiter galt einmal als das Fundament des Wirtschaftswunders. Schon lange keine Hymne mehr auf ihn gelesen oder gehört. Man hat ihn vergessen. Es hat auch mit dieser schwindenden Ressource Respekt zu tun, wenn die so genannten »kleinen Leute« zunehmend das Gefühl bekommen: ihr da oben, wir da unten. Obwohl, im Grunde irren sich die »Kleinen« in diesem Punkt: Der Virus der Respektlosigkeit lässt sich von irgendwelchen Klassen und Schichten nicht aufhalten, egal, ob es sich um einen Lehrer, einen Stadtbediensteten oder um einen Arzt handelt. Mit ein bisschen mehr Geld lässt sich der Virus nur ein bisschen besser behandeln.

Der Respekt, der Stoff, der eine Gesellschaft zusammenhält oder auseinander sprengt – über dieses Thema hat der amerikanische Sozialwissenschaftler Richard Sennett ein eindringliches, auch widersprüchliches Buch verfasst. In *Respekt im Zeitalter der Ungleichheit* schreibt er: »Mangelnder Respekt mag zwar weniger aggressiv erscheinen als eine direkte Beleidigung, kann aber ebenso verletzend sein. Man wird nicht beleidigt, aber man wird auch nicht beachtet, man wird nicht als ein Mensch angesehen, dessen Anwesenheit etwas zählt. Wenn die Gesellschaft die Mehrzahl der Menschen so behandelt und nur wenigen besondere Beachtung schenkt, macht sie Respekt zu einem knappen Gut, als gäbe es nicht genug von diesem kostbaren Stoff. Wie viele Hungersnöte, so ist auch diese Knappheit vom Menschen gemacht; aber im Unterschied zu Nahrungsmitteln kostet Respekt nichts. Insofern stellt sich die Frage, warum auf diesem Gebiet Knappheit herrschen sollte.«

Der Gießener Soziologe Sighard Neckel ist ein Spezialist in Sachen Neid. Seine Untersuchungen belegen, dass die Gesellschaft in jüngster Zeit ein wesentliches Identitätskriterium entwertet hat: Leistung und Erfolg haben oft nur noch wenig miteinander zu tun, zumindest haben viele Menschen diesen Eindruck. Neckel spricht von der Entwicklung eines »performativen« Leistungsverständnisses. Das ist wohl eines der wenigen gültigen Kriterien. Erfolg scheint für viele auch eine Sache des Zufalls zu sein. Alles in allem wächst also ständig die Zahl derer, die denken, sie kommen ungerechterweise zu kurz. Sie werden neidisch. Die dadurch frei werdende Energie reicht gerade aus, um sich bei einer der tausend Castingshows im Fernsehen zu bewerben oder die Hotline von *Wer wird Millionär?* anzurufen.

Als Prototypen der Entwicklung sieht Neckel den plötzlichen Aufstieg von Medienfiguren wie Daniel Küblböck, Verona Feldbusch, Jenny Elvers etc., die nichts können, außer sich im richtigen Moment im Scheinwerferlicht zu sonnen. Dabei verdienen sie in ein paar Monaten mehr Geld als ein Arbeiter in seinem ganzen Leben. Und sie bekommen das enorme Aggressionspotenzial einer neidischen Öffentlichkeit zu spüren: Erst werden sie nach oben geschossen, dann verachtet. Das geht ziemlich weit: In der *Dschungelshow* etwa bestimmen die Zuschauer per Telefon, wer jetzt ein Kakerlakenbad nehmen muss und wer einen

Tierhoden zu essen hat, bis er sich erbricht. Da schauen dann mehr als sieben Millionen Menschen zu.

Es gibt andere, zivilisiertere Beispiele der zerstörten Leistungs-Erfolgs-Beziehung, die ersetzt wurde durch das Nachfrageprinzip. Neckel nennt die zuweilen völlig überdimensionierten Managergehälter, die für keinen Normalverdiener mehr nachvollziehbar sind. Schon in der Antike hat Platon geschrieben, wenn in einer Gesellschaft die Reichsten zwanzigmal so viel verdienen wie die gewöhnlichen Bürger, ist für den Zusammenhalt wenig zu befürchten. Im Augenblick liegt die Bezahlung für Spitzenmanager dreihundertfach höher als die für Angestellte.

Da gibt es also zu wenig konventionelle Arbeitsplätze in diesem Land, zugleich aber eine öffentliche Illusion, dass man über andere Wege viel mehr Geld als mit alltäglicher Arbeit verdienen könne. Darin sieht Neckel eine Gefahr, so sagt er in einem Interview mit dem *Spiegel*, weil sich eine jüngere Generation zunehmend die Frage stellt, »weshalb sie auf eine berufliche Normalbiografie setzen soll, zumal, da diese im Zeitalter prekärer Beschäftigungsmöglichkeiten für viele sowieso kaum mehr zu realisieren ist«. In diesem Wildwuchs frei schwebender Biografien liegt in Einzelfällen sicher eine Chance, mehrheitlich aber wohl durchaus Sprengstoff für die Gesellschaft.

War die Welt früher anders? Frank Schirrmacher versucht, darauf eine Antwort mithilfe der Literatur zu finden. Natürlich sei das ein uraltes Thema, die Figur des Polonius bei Shakespeare etwa oder Toni Buddenbrook in dem gleichnamigen Roman von Thomas Mann – diese wunderbare Figur, neidisch auf die Schönheit jüngerer Frauen und auf das Geld der Neureichen. »Sie sind aber doch bei aller Bedeutsamkeit Nebenfiguren«, sagt er. Er müsse genauer darüber nachdenken, ob es Bücher in der Weltliteratur gebe, die Neid zum zentralen Thema gemacht haben, »spontan fällt mir da keines ein«.

Ist die Zeit heute anders? Schirrmacher sagt, er habe schon auch düstere Erinnerungen, wenn er an die Siebziger- und Achtzigerjahre denke, an diese dauernde Hysterie: die Diskussion um diese lächerliche Volkszählung oder auch die Endzeit der Ära Kohl, »das war deprimierend«. Aber in Sachen Neid und Missgunst sei es im Augenblick besonders quälend, sagt er. Er meine damit nicht die üblichen Klagen der FDP und der Reichen, niemand gönne den Wohlhabenden ihren Erfolg, ihr Geld, »ich kann das schon verstehen, dass ein Sozialhilfeempfänger schlechte Laune bekommt, wenn er sich mit den Gewinnen an der Börse beschäftigt«. Nein, was ihn umtreibe, sei dieses missgünstige Klima gegen jede neue Idee, gegen jede Kreativität, alles werde zerredet, kaputtgemacht, »das Gegenteil von Aufbruch, von Freiheit, ich sehe an vielen Orten nur Lähmung«. Sicher habe das auch mit den Verbreitungsmechanismen dieser Mediengesellschaft zu tun, alles werde atemlos nach vorne gespült und am nächsten Tag genauso schnell wieder mit lautem Geschrei gelöscht: »Am Ende bleibt oft nur die Destruktion. Lass uns lieber gar nichts machen.« Manchmal habe er das Gefühl, »wir leben wie in einer riesigen Plantage, wo diese Affekte kultiviert werden. Wie in einem Gewächshaus, in dem der Neid jeden Morgen gegossen wird wie in Holland die Tomaten.«

Der Journalist Klaus Hartung hat im Kursbuch *Die Neidgesellschaft* sehr eindringlich beschrieben, wie der natürliche Neid des Einzelnen zu einem kollektiven und bestimmenden Gefühl dieser Gesellschaft wurde. Er nennt es die »Verstaatlichung des neidischen Blickes«. Als Ausgangspunkt stellt Hartung die Frage, ob die Deutschen eigentlich stolz seien auf ihren Sozialstaat, auf ihre vergleichsweise hohen Gerechtigkeitsmechanismen. Ja, eigentlich müssten sie es sein. Aber sie sind es nicht. Er schreibt: »Nach mehr als fünfzig Jahren Sozialstaat besitzen wir keine selbstbewusste und beruhigend stabile bürgerliche Kultur mit einem breiten Mittelstand von hohem Lebensstandard (das ist nur in der objektiven Wirklichkeit so), sondern eine Mehrheit von Minderheiten, Betroffenen, Zu-kurz-Gekommenen – die immer mehr wollen.«

Hartung führt einige eigentlich harmlose Beispiele aus der Hauptstadt Berlin an, wie dort Behörden kleine individuelle Vorhaben blockieren und verhindern. Nur eines davon: Seit Jahren kämpft das Berliner Hotel Adlon um einen roten Baldachin für die Gästeauffahrt. Aber das Bezirksamt Mitte verweigert die Genehmigung mit folgender Argumentation: Ein derart erheblicher Eingriff in das Straßenbild sei nur durch ein höheres Allgemeininteresse zu rechtfertigen. Da aber ein Baldachin »nur einer Minderheit von reichen Gästen« zu Gute komme, gebe es keinen Grund für eine Ausnahmeregelung. Klaus Hartung glaubt nicht an die willkürliche Entscheidung eines Beamten, sondern dass er aus reiner Routine so gehandelt habe. »Unter dieser Annahme«, schreibt er, »wird die Geschichte spannend. Denn das hieße, dass das anerkannte Allgemeine, die sozialpolitische Perspektive selbst vom Neid durchdrungen werden kann und wird. Die Amtssprache oder der soziologische Begriff operiert mit sozialen Phantomen, die man ›Bevölkerungsdurchschnitt‹ oder ›kleiner Mann‹ nennen könnte. Der Staat selbst steht verbittert im Regen, während der Luxusgast unter dem Baldachin zu seiner Suite geleitet wird. Hier ärgert sich das Amt stellvertretend für das Abstraktum Bevölkerung.«

Ein Blick in die Zukunft. Frank Schirrmacher fürchtet, der

Neid werde noch eine große Karriere vor sich haben. Die demografische Entwicklung, also die Tatsache, dass die Alten immer mehr und die Jungen immer weniger werden, sorge für neue Neidstrukturen. Ein wichtiger Punkt könne beispielsweise der Neid auf Familie werden: Wer hat Kinder, wer Enkelkinder? Wer bekommt Besuch, wer nicht? Es gebe einen entscheidenden Unterschied zwischen alten und jungen Menschen, sagt Schirrmacher: »Alte Leute haben nur noch die Gegenwart, die Zukunft ist nicht mehr ihre Zukunft. Es ist nicht ungefährlich, bald in einer Gesellschaft zu leben, in der die Alten die Mehrheit sind.« Viele Untersuchungen bestätigen übrigens Schirrmachers These: Kein Alter ist so anfällig für Neid wie das Alter.

Grundsätzliches über den Neid. Zwei wissenschaftliche Versuche.

Nummer eins: Menschen wurden gefragt, ob sie an einem Arbeitsplatz lieber 75 000 Euro im Jahr verdienen, wenn die Kollegen 95 000 Euro bekommen, oder lieber 60 000 Euro, wenn alle dasselbe erhalten. Mehr als achtzig Prozent entschieden sich für das deutlich geringere Einkommen, weil sie nicht möchten, dass andere besser bezahlt werden.

Nummer zwei: Es werden immer wieder kleine Teams mit jeweils drei Personen gebildet, die an der Börse spekulieren sollen. Am Ende wird ihnen gesagt, sie können anonym – es wird also keiner erfahren – den Gewinn der anderen zwei um die Hälfte reduzieren, wenn sie sich selbst ein Drittel abziehen. Auch hier: Weit über achtzig Prozent schaden sich selbst, um den anderen zu schaden.

Die Botschaft dieser beiden Versuche: Neid kann ziemlich dämlich sein. Und auch ökonomisch durchaus unsinnig.

Dass man niedere Gefühle auch intelligent steuern kann,

zeigt die Lösung des so genannten Gefangenendilemmas: Zwei Leute werden verhaftet, ihnen wird – zu Recht – vorgeworfen, gemeinsam ein Verbrechen begangen zu haben. Wenn A aussagt und B schweigt, wird A als Kronzeuge freigelassen, B muss für zehn Jahre hinter Gitter. Geben beide das Verbrechen zu, müssen sie jeweils sechs Jahre absitzen; schweigen sie, kann ihnen die Straftat nicht nachgewiesen werden, und sie wandern aufgrund geringfügiger Anschuldigungen nur für jeweils ein Jahr in den Knast. Aus der Sicht jedes einzelnen Akteurs stellt sich die Aussage als die vorteilhafteste Strategie dar: Wenn A aussagt, bekommt B zehn Jahre, auch wenn er schweigt. Aber nur sechs, wenn er ebenfalls auspackt. Wenn B schweigt, kann A dies auch tun und muss nur ein Jahr absitzen; redet er jedoch, kommt B für zehn Jahre hinter Gitter, und A erfreut sich sofort der Freiheit.

Ein Dilemma also. Unzählige Wissenschaftler haben versucht, die vernünftigste Lösung für beide zu finden. Die vielleicht intelligenteste Strategie hat der Mathematiker Anatol Rapoport entwickelt: »Tit for Tat« nannte er sie, Gleiches mit Gleichem. Beide müssen ihren Egoismus unterdrücken und das Gleiche tun, dann kommt für beide das Beste raus, wenn man Faktoren wie Rache des Betrogenen berücksichtigt. Neidforscher Sighard Neckel rühmt diese Methode als ein Beispiel dafür, dass konkurrierende Menschen sich nicht besiegen wollen, um letztendlich das Beste für alle zu erreichen.

Frank Schirrmacher sitzt in seinem Büro, und man merkt ihm an, dass er nicht gerne über Neid spricht. Und bevor ich ihm meine letzte Frage stelle, erwähnt er noch Goebbels, der von Neid zerfressen war, und überhaupt die Nazis, die den Neid zu ihrer Ideologie machten.

Er fragt nach anderen Fragestellungen des Buches. Wie unterhaltsam muss ich sein? Er erzählt von Marcel Reich-Ranicki; wenn er in einer Runde am Tisch sitze, müsse man reden, als rede man laut mit sich selbst, das funktioniere immer. Eine andere Frage: Soll man sich kennen lernen? »Ich halte diese Selbstbeobachtung für einen großen Fehler«, sagt er. »Sie führt zu langweiligen Monologen. Viel besser ist Selbsterkenntnis durch Handeln.«

Letzte Frage zum Neid: Wenn er noch einmal jung wäre, würde er Deutschland verlassen? Er sagt, klar, es gebe ein Land, das völlig anders mit dem Thema Neid umgehe. Da würde man die sozialen Unterschiede und den Erfolg Einzelner als Ansporn empfinden. »Ich glaube, ich würde wie ein Ire im neunzehnten Jahrhundert Tag und Nacht darüber nachdenken, wie ich nach Amerika komme.«

Wie unterhaltsam muss ich sein?

Kerstin Kohlenberg sitzt mit Franka Potente in deren Küche

Als ich von einer Reise mit israelischen und deutschen Journalisten zurückkam und einer Freundin beim Mittagessen in Berlin von den Leuten erzählte, guckte sie mich irgendwann genervt an und sagte: »Bei dir müssen immer alle unglaublich unterhaltsam sein. Als ob das die einzige Kategorie ist, die Menschen interessant macht.«

Ich hatte ihr erzählt, dass am ersten Tag alle dreißig Teilnehmer um einen großen Tisch herumsaßen. Wir wurden aufgefordert, uns doch einander vorzustellen. Ich kam als Zweite dran. Der Erste beantwortete gerade sehr ausführlich die Fragen nach Biografie, Motivation der Bewerbung und seinem Verhältnis zu Israel, während ich überlegte, wie ich mein Verhältnis zu Israel einigermaßen unterhaltsam aufbereiten könnte. Mir klopfte das Herz, denn ich bin bei jeglichem Vorsprechen immer völlig unentspannt. Erst musste ich aber mein Verhältnis zu Israel überdenken. Es sollte ja nicht nur das sein, was schon alle wussten und langweilte, so was wie: Wir als Deutsche, Geschichte, Erinnerung und so. Von links hörte ich: »... studiert ... dann Radio ...« Meine Motivation? Sollte ich da mit Ironie arbeiten, die offen lässt, ob es ernst gemeint ist oder nicht? Ich war scharf auf eine kostenlose Reise nach Israel gewesen. Um Gottes willen, fiel mir nichts Besseres ein? Links hörte ich: »... habe ein Jahr in Jerusalem studiert ...«

Jetzt war ich dran.

In einem Film hätte es jetzt zwei mögliche Katastrophen gegeben. Die eine hätte Woody Allen gespielt. Er hätte sich in einen langen Rechtfertigungsmonolog verstrickt, all die Zweifel an dem Versuch einer Begründung stoßgeseufzt, hätte dabei wahrscheinlich noch seinen Nachbarn beleidigt und zum Schluss einen Witz über die Juden gemacht. Dann wäre er nach Hause gefahren und hätte nie wieder an einer Pressereise teilgenommen. Zum Teufel mit der Unterhaltsamkeit. Die andere Katastrophe hätte Meg Ryan gespielt. Mit einem blöden Grinsen, die Hände im Schoß knetend, sich dann immer hektischer durch die Haare streichend. Zum Schluss ein unterwürfiges Mädchenlächeln, was so lächerlich ist wie ein Anfänger-Aufkleber auf einem zerbeulten Auto.

Ich war fertig. Zum Schluss hatte ich tatsächlich diesen doofen Satz mit der billigen Urlaubsreise gesagt. Warum ist mir Unterhaltsamkeit so wichtig?

Ein paar Wochen später war ich auf dem Weg zu einem Interview mit Franka Potente. Das Gespräch sollte im Hotel Adlon in Berlin stattfinden. Draußen auf der Straße war alles abgesperrt, es war der kurze Winter der Anarchie, in dem die Studenten für einen Moment eine Energie entwickelten, die vor allem die Medien aufhorchen ließ. Doch gebracht hatten die Fahrraddemos, die Nackt-Happenings und der ganze Protest nichts. Der Berliner Senat hatte kein Geld, und deshalb musste auch die Bildung dran glauben. Eines muss man den Studenten jedoch lassen, auch wenn sie ihr Ziel nicht erreicht hatten: Sie waren ausgesprochen unterhaltsam.

Nachdem ich mit Franka Potente eine Stunde lang über Krisen und Identität geredet hatte, fragte ich sie, ob es etwas gebe, das sie an sich vermisse. Eine Eigenschaft, die sie anderen Menschen neide. Ohne auch nur eine Minute zu überlegen, sagte sie: »Die Fähigkeit zur Oscar-Wilde-mäßigen, charmanten und witzigen Art des Smalltalks.« Sie sehe das oft bei Frauen, die könnten auf so eine zurückhaltende Art unterhaltsam und gleichzeitig geistreich sein. »Wenn ich auf solche Frauen treffe, ist das natürlich die klassische Situation, in der ich eifersüchtig werde.«

Da saß sie also auf einem Sofa im Hotel Adlon, mit Blick auf das Brandenburger Tor, bewarb gerade ihren neuen Film, hatte Johnny Depp geküsst und Matt Damon, war gerade ein Jahr in Los Angeles gewesen und wünschte sich, unterhaltsamer zu sein. Das hat mich überrascht, denn man glaubt oft fälschlicherweise an den Umkehrschluss eines Zitates von Oscar Wilde: »Ein Mann, der im Stande ist, eine Londoner Tafel zu dominieren, der ist auch in der Lage, die Welt zu beherrschen.« Nämlich: Wer die Welt beherrscht, der muss im Stande sein, eine Tafel zu unterhalten.

Dann war die Zeit um, und ich fragte Franka Potente, ob wir über die Unterhaltsamkeit noch einmal ausführlicher sprechen könnten. Vier Monate später klappt es, und wir sitzen in der Wohnung ihres Freundes und trinken Kaffee mit Sojamilch.

Während ich darüber nachdenke, warum »Die oder der ist geistreich und lustig« eigentlich mein größtes Kompliment ist, läuft im Fernsehen die Nachricht, dass die ARD sich entschieden hat, den Unterhaltungsbereich weiter auszubauen. Einige Tage später wird der Deutsche Fernsehpreis dafür kritisiert, dass zu viele Spaßformate in der Auswahl seien, und dann geht auch noch fast die Welt unter, weil Harald Schmidt eine »kreative Pause« einlegt. Amüsieren wir uns zu Tode? Und was hat das mit mir und Franka Potente zu tun? Wollen wir zu sehr gefallen? Sind wir zu sehr von außen geleitet? Oder ist da etwas ganz anderes, eine gewisse Angst vor Menschen vielleicht?

Mein Vater hat mich früher immer gefragt: »Na, kennste einen Neuen?« Er guckte mich dabei so an, wie wahrscheinlich Vater Graf die Steffi anguckte, wenn er auf den Knopf der Ballmaschine drückte. Es war nur die Aufforderung meines Vaters zu erzählen, doch kein Angebot von ihm, den Witz zurückzuspielen. Denn mein Vater spielt weder Tennis, noch kann er Witze erzählen.

Als er mich zum ersten Mal nach einem Witz fragte, dachte ich zuerst, er wolle mich auf den Arm nehmen. Ich war völlig überrascht, denn das Sich-Witze-erzählen-Lassen passte so überhaupt nicht zu ihm. Mein Vater, der mir zum Geburtstag und Weihnachten ausschließlich Bücher schenkte und der mir verbot, die Fernsehserien zu schauen, die meine Klassenkameraden guckten, dieser Mann saß jetzt, offensichtlich gut gelaunt, auf der Eckbank in der Küche, sah meiner Mutter beim Kartoffelschälen zu und fragte mich nach einem Witz. Aber ich wusste keinen. Ich saß meinen Eltern gegenüber, auf der bauchhohen Arbeitsfläche über der Spülmaschine, und überlegte. Klar hatte ich schon Witze gehört, aber behalten? Nee.

Offensichtlich hatten aber die Frage und die Mischung aus grinsender und augenrollender Mutter und gut gelauntem Vater ausgereicht, dass ich, als ich den nächstbesten Witz hörte, ihn mir wieder und wieder vorbetete, um ihn ja nicht zu vergessen. Ich hatte also einen Witz gefunden. Irgendwo auf dem Schulhof. Und nach der nächsten *Tagesschau* platzte es dann aus mir raus: »Papa, ich weiß einen!«

Einen Witz zu wissen war in Zukunft immer gut. Denn es konnte bei uns zu Hause vorkommen, wenn sich einfach keiner bemühte oder irgendjemand eingeschnappt war, was immer wieder einer war, dass es als Vorspeise eine Spargelcremesuppe gab und dazu ein Gespräch über Geburtstage im Allgemeinen, als Hauptgericht Filet mit Pilzen und ein Gespräch über den Geburtstag im Besonderen, und zur Nachspeise sprach man über die Vorspeise. Sich gut zu unterhalten, ist gar nicht so einfach. Egal, ob man sich kennt oder nicht.

Warum das so ist? Und warum mich das früher häufig nervte und aggressiv machte, mich aber nicht dazu brachte, einfach selbst zu erzählen? Vielleicht hing es damit zusammen, dass es meine Eltern waren. Sosehr ich in allen anderen Bereichen den Einfluss meiner Eltern auf mein Leben bekämpfte, sosehr stand ich hier auf dem Standpunkt: Sollen die doch reden.

Woher diese Formlosigkeit und fehlende Mühe kam? Diese Unlust, sich zu inszenieren, zu präsentieren. Gustav Seibt hat in der *Süddeutschen Zeitung* geschrieben, dass das in Deutschland schon immer so gewesen sei. Es habe nie ein Vorbild oder ein Verhaltensideal gegeben, das als Modell für einen klassenübergreifenden selbstbewussten und freien Umgang miteinander hätte dienen können. Denn der preußische Adel und die Eliten hätten sich von den unteren Schichten stark abgegrenzt. Daher sei das Bürgertum schon immer unglaublich unsicher gewesen, den einzigen Wechsel, den es sich im Verhalten erlaubt habe, sei der zwischen Steifheit und Formlosigkeit gewesen. Die andere Erklärung sei auf den Krieg zurückzuführen. Nach Hitler habe einfach keiner mehr Lust auf protzige Repräsentation und Herrenideale gehabt. Maßvoll ging man jetzt durchs Leben, bescheiden und langsam die flache Leiter hoch. Die Leitfiguren nach dem Zweiten Weltkrieg waren der stolze Arbeiter und der tüchtige Angestellte. Und genau so machten es auch meine Eltern. Innerliche Werte der Rechtschaffenheit und Bescheidenheit waren immer wichtiger als äußerliche und ästhetische Formfragen. Vielleicht hatten wir deshalb wenige Gäste, ganz selten gaben meine Eltern »eine Gesellschaft« und luden Freunde zum Essen ein. Ich erinnere mich nur an ein Silvesterfest bei uns zu Hause, da war ich acht oder neun, zu dem Freunde meiner Eltern eine fremde Frau mitbrachten. Sie trug einen goldenen Anzug und erzählte von ihrem Job, alle hörten ihr zu und schmunzelten über ihre Geschichten. Ich glotzte sie an wie ein Fabelwesen, dem Flügel aus dem Rücken wachsen. Ich weiß nicht mehr, woher sie kam, aber für mich sah sie aus wie eine dieser Figuren aus den Filmen über den Broadway. Es war so eine komische Mischung aus Bewunderung, dass die zu fremden Leuten auf eine Party geht, und Mitleid, dass sie keine eigenen Freunde hat, mit denen sie Silvester feiern kann.

Der Oscar-Wilde-Spruch, wer eine Tafel beherrscht, kann auch die Welt beherrschen – die Generation meiner Eltern wollte die Welt und auch die Unterhaltung nicht beherrschen. Wir hingegen wollen beides. Wir sind die erste Generation, die mehr nach außen lebt als nach innen. Und Unterhaltsamkeit macht uns auf eine gewisse Art unverwundbar.

Ich klingle bei Franka Potente. Seitdem sie aus Los Angeles wieder zurück ist, hat sie noch keine eigene Wohnung und wohnt bei ihrem Freund. Die Wohnung ist im Hinterhaus, das Treppenhaus knarzt und riecht nach Linoleum. Als ich in die Wohnung trete, stehe ich in einem gigantischen Loft mit Holzfußboden und integriertem Atelier. Es ist nicht sehr hell hier, und ich muss an James Bond denken und an die versteckten, luxuriösen Höhlen der Bösewichte. Franka Potente hängt gerade Wäsche auf.

Sie kommt aus einem bürgerlichen Elternhaus, der Vater ist Lehrer, die Mutter arbeitet in einer Arztpraxis. Aufgewachsen ist sie in der Kleinstadt Dülmen. Sie hat einen jüngeren Bruder, der in Berlin Medizin studiert. Der Vater kam mittags nach Hause, dann wurde gegessen, bis sie fünfzehn oder sechzehn war, gab es gemeinsames Abendbrot. Danach ließen sie das auch schon einmal ausfallen. Wer zu Hause fernsehen wollte, musste vorher fragen, Lesen war dagegen rund um die Uhr erlaubt. Im vergangenen Jahr wurde Franka Potente dreißig.

Wie war das bei ihr zu Hause? Wie unterhielten sie sich da? Franka Potente zündet sich eine Zigarette an. Die Sojamilch in ihrem Kaffee gehört zu einem Ernährungsprogramm, mit dem sie für ihren nächsten Film fit gemacht wird. Ihre Haare haben Farbe und Länge schon geändert. Ihre Eltern hätten häufig mit Freunden Karten gespielt, sagt sie. Und wenn sie oben in ihrem Zimmer war, dann konnte sie ihre Eltern unten reden hören, stundenlang reden hören. Da wurde dann viel über die Kinder gesprochen, die Großeltern, die mitversorgt wurden, Krankheiten im Freundeskreis, die Männer haben über Fußball geredet oder über Politik, wenn etwas Außergewöhnliches passiert war. Völlig andere Unterhaltungen, als sie die heute in ihrem Freundeskreis führt. Die Leute, die sie kennt, die meisten zumindest, beschäftigen sich mit universellen Dingen, sagt sie, mit Dingen, die für die Öffentlichkeit gemacht sind. Diese Leute haben Leser oder Zuschauer, und dadurch schenkt man ihnen auch eine viel größere Aufmerksamkeit. Es ist die allgegenwärtige Medienwelt.

Gibt das Verhältnis, das man zur Unterhaltung hat, Aufschluss über das Verhältnis, das man zur Welt hat?, überlege ich. Der Soziologie Georg Simmel stellte die These auf, dass die Form der Geselligkeit sich zur Gesellschaft so verhält wie das Kunstwerk zur Realität. Dass sie also etwas allgemein Gültiges besitzt, weil sie Abbild oder Interpretation der Gesellschaft ist. So wie wir uns unterhalten, so leben wir.

Ich habe mir früher immer vorgestellt: Spätestens wenn ich mit der Universität fertig bin, dann treffe ich mich mit meinen Freunden in Restaurants, wir trinken Rotwein, essen auf blau-weiß karierten Tischdecken, rauchen viele Zigaretten, irgendjemand lehnt sich ständig über den Tisch, jemand anderes spricht einen Toast aus, es wird gelacht, und zwei unterhalten sich ganz konzentriert, ohne den Rest der Gruppe wahrzunehmen. Ich glaube, das war eine Mischung aus Bildern, die ich von Romy Schneider in Paris und Südfrankreich kenne und aus Edgar Reitz' Serie *Die zweite Heimat,* die in München spielt. Alles Bilder von Situationen, die sich in der Öffentlichkeit zutragen. Es sollte nur nicht ängstlich und bescheiden zugehen.

Ich habe mir daher für die Zukunft in etwa Folgendes – das zugegebenermaßen nicht gerade übermäßig ausgefallen ist – vorgenommen: 1. ein interessantes Leben führen, 2. schlau werden, 3. unterhaltsam sein – denn Unterhaltsamkeit, dachte ich, sei so etwas wie ein Schweizer Messer für das Leben. Sie öffnet einem fast alles, und sie passt überall hin. Ach ja, und 4. keine Scheu vor Menschen haben. Das war wohl das Hauptanliegen, und Punkt 1 bis 3 sollten eigentlich dabei helfen, diese Scheu zu überwinden.

Ob sie die auch kenne, frage ich Franka, diese Angst vor Menschen? »Die Angst vor Menschen, das hat mir John Carpenter einmal gesagt, die ist eine ganz menschliche Angst. Ich hatte lange das Problem, dass ich immer sofort rot geworden bin. In jeder Situation, ohne ersichtlichen Grund.« Im Job hat sie häufig mit fremden Menschen zu tun, von denen sie sich anziehen lassen muss, schminken lassen muss, mit denen sie sich unterhält. »Das hilft natürlich schon. Ich glaube, das Unangenehme an den geselligen Runden mit Leuten, die man nicht so gut kennt, das ist diese Transitstrecke zwischen Selbstbewusstsein entwickeln und sich an die Runden gewöhnen.«

Transitstrecke I.

Franka Potente geht nach dem Abitur auf die Schauspielschule in München. Noch bevor sie die beendet hat, wird sie für *Nach fünf im Urwald* gecastet. Sie verliebt sich in den Regisseur Hans-Christian Schmid, lebt mit ihm zusammen, bis ihr alles zu eng wird und sie nach New York zieht. Das Unwohlsein bei öffentlichen Veranstaltungen bleibt.

»Zum Beispiel die Berlinale«, sagt Franka. »Donnerstags reisen alle an, und da denke ich schon: O Gott. Ich habe mich vergangenes Jahr gefragt, dramatisiere ich das, oder ist es wirklich so schlimm? Ich hab dann überlegt, ob das von Anfang an so war, ob es schlimmer geworden ist oder besser. Ich glaube, das war schon immer so. Schon bei *Nach fünf im Urwald* wollte ich auf keine Party gehen. Ich könnte mir ja auch sagen: He, bei der Veranstaltung, da triffst du den und den – aber das gelingt mir nicht richtig. Das hat vielleicht damit zu tun, dass ich diesen Oscar-Wilde-mäßigen Smalltalk eben nicht beherrsche. Ich finde, das ist eine Kunst. Das ist, als finge man kleine Sterne aus der Luft. Gesprächsthemen, die keinen unter Druck setzen, die aber dennoch so viele Ebenen anbieten, dass es nie langweilig oder eindimensional ist. Von etwas schwärmen hat so etwas. Ich kann das nicht. Ich fühle mich auf Veranstaltungen, auf denen viel Smalltalk gemacht werden muss, immer sehr prätentiös und unauthentisch – mir ist das irgendwie auch peinlich.«

Damals im Adlon, als sie ihren Film vorstellte, hatte sie gesagt, sie sei ein »Sprechdenker«. Dass sie alles so rausquatsche. Das könne ja vielleicht authentisch sein, schön finde sie es nicht. Schöner sei es, wenn Leute überlegt und kurz antworteten. Denn das zeuge für sie von einer guten Selbstkenntnis, von einer gewissen Weisheit, von Wissen, na ja, von Intellekt eben. Und dann hat sie vom Fernsehen erzählt. Viel Quatsch werde sie da gefragt, gerade als Frau, gerade als Schauspielerin. Und dass sie dann immer denke: »Was labere ich denn da? Was ist das für eine Scheiße.« Okay, sie könne sich die Fragen auch nicht aussuchen, aber trotzdem. Sie rede dann manchmal eine halbe Stunde über irgendetwas, worüber sie eigentlich nie so lange reden würde. Hinterher rege sie sich immer darüber auf. Weil es Leute gibt, die das besser lösen. Die bleiben höflich, denken kurz nach und bringen die Sache auf den Punkt. Das sei souverän, hat sie gesagt.

Was ist gute Unterhaltung?, frage ich mich. Wenn sie gut läuft, dann ist Unterhaltung wie in der Meeresbrandung liegen. Aber das funktioniert nur, wenn man in dieses warme Unterhaltungsbad auch eintauchen kann. Wer die Badekappe vergessen hat oder sich in seinem Bikini schämt, der wird permanent an sich runtergucken und denken: Ich gehör hier nicht hin. Dazu hat man eben schon viel zu viele Talkshows gesehen, um zu wissen, wie peinlich man sein kann, wie langweilig und blöd. Vielleicht hat man aber auch einfach zu viele Bilder im Kopf. Dann geht man nach Hause, mit schlechter Laune, weit entfernt davon, unverwundbar zu sein, man denkt: Das ist doch alles falsch – falsches Lachen, falsche Höflichkeit, falsches Interesse. Alles Käse, brauche ich nicht. Am nächsten Morgen ärgert man sich dann maßlos über sich selbst. Und das ärgert einen auch wieder.

Franka trinkt jetzt Tee, der Hund schnarcht vor sich hin. Er war die vergangenen Wochen in Dülmen, und da muss er bald wieder hin, denn Franka dreht in Indien, und fliegen hasst der Hund. Obwohl er Pelle heißt, der Eroberer.

»Es gibt ja unterschiedliche Arten, sich zu unterhalten«, sagt sie. »Man kann nur freundlich nicken und hinterher allen sagen, wie Scheiße das war. Oder man fragt nur – eine super Variante, denn dann wird man selbst nichts gefragt, und es ist auch nicht so anstrengend. Oder man ist ein Guerilla und zeigt durch Kleidung und Bemerkungen, dass man eigentlich gar nicht weiß, warum man hier ist.« Wobei das inkonsequent sei – dann solle man erst gar nicht hingehen.

Im Adlon hat sie noch gesagt, sie selbst sei eher eine »Themenrednerin«. Und dass sie sich maximal zu zweit gut unterhalten könne, vielleicht noch zu dritt. Wenn es mehr Leute würden, dann werde sie zum Zuhörer. Denn das Wichtigste, was sie gelernt habe, sei, analytisch und reflektiert auf ihr Leben zu schauen. Das heißt, im Gespräch oder im Streit die Perspektive zu wechseln, sich in einen Mikrokosmos zu begeben und zu versuchen, den anderen wirklich zu verstehen – und auch die eigenen Motive. »Das Ziel soll ja Weiterentwicklung sein«, hat sie gesagt.

Aber es kommt auf die Dosierung an. Dass sie vor einiger Zeit nach Los Angeles gezogen sei, sagt sie, hätte vor allem damit zu tun gehabt, dass sie sich plötzlich als überstreng und unlocker empfunden hätte. Auch in der Arbeit. Sie habe das Gefühl gehabt, ein Teil in ihr sei so wahnsinnig ernsthaft und so wahnsinnig alt. Sie sei immer so vernünftig gewesen, dass ein anderer Teil in ihr völlig untergegangen sei. »Eigentlich«, hat Franka Potente dann noch gesagt, »mag ich Amerika und Los Angeles gar nicht. Aber für meine Zwecke war es perfekt.« Eben ein bisschen leichter, entspannter, unterhaltsamer.

Da habe es diesen einen Tag gegeben, sagt sie, der das Lebensgefühl, nach dem sie sich manchmal so sehne, ganz gut verdeutliche. Sie war mit ihrer besten Freundin und deren Hund in einem Hundepark in den Bergen von Los Angeles, am Mulholland Drive. Die beiden redeten, rauchten einen Joint, irgendwann hatten sie Durst und fuhren zu einer kleinen Bar. Da war es sechs Uhr abends. Sie saßen draußen, es war noch gar nicht dunkel, und bestellten, was Franka sonst nie macht, Wodka Cranberry. Es kamen ein paar Jungs dazu, sie selbst war gerade Single, zum Schluss waren zehn Leute zusammen. Sie fuhren ein bisschen rum und dann bei zwei von den Jungs vorbei. Ein Slowene, der andere ein brasilianisches Model, beide fünf Jahre jünger als Franka und ihre Freundin. Langweilig war es, also ging man wieder. In einen Club, wo sie alle möglichen bekannten Schauspieler trafen. In ihren stinkigen Hundeklamotten und total verschwitzt standen sie zwischen den glitzernden Ausgehfrauen und sind bis frühmorgens geblieben. »Es war der geilste Tag in unserem Leben«, sagt Franka. »So cool. Man ließ sich treiben. Ich könnte auf keinen Fall auch nur eine Woche so leben, aber es war einfach geil. Das ist natürlich auch für so eine Freundschaft toll, man ist Pippi Langstrumpf für einen Tag.«

Ich überlege, ob die Bar blau-weiß karierte Tischdecken hatte. So wie in meinem Jugendtraum.

Transitstrecke II.

Ich hatte mein Studium beendet und einen Job gefunden. An Punkt 1 des Leben hatte ich gearbeitet, und Punkt 2 und Punkt 3 standen unter ständiger Beobachtung, immer in der Angst, sie müssten bald auf die Intensivstation, aber sie waren lebensfähig. Punkt 4 hatte sich ebenfalls ganz gut entwickelt – bis es die ersten Rückschläge gab. Die Küchen, in denen man sich zum Essen traf, wurden nämlich größer, ab und zu auch gegen riesige Wohnzimmer mit einem unglaublichen Menü ausgetauscht. Die Leute, die hier saßen, waren ausgewachsene Entertainer mit ausgewachsenem Repertoire. Ich fing an, mir ernsthaft um Punkt 1 bis 4 Sorgen zu machen.

Franka krault den Hund und überlegt: Was sie gut kenne, sei die Pointenangst, wenn man vor zehn Leuten seine Geschichte erzählen solle. Sie erzähle daher bis heute keine Witze. Das sei ihr früher wie heute wahnsinnig peinlich. Obwohl, eigentlich glaube sie, dass das ein Frauenproblem sei. In der Grundschule sei das schon so gewesen. Wenn irgendein Mädchen einen Witz erzählt habe, dann hätten die Jungs alle Ääääääääääääähhhhhh gemacht, und die Mädchen hätten aus Höflichkeit gelacht. Wenn sie sich heute in einer Runde, in der sie die Leute nicht so gut kenne, aufschwinge, irgendeine Story zu erzählen, dann lege sie sich die Geschichte schon im Kopf zurecht. Sie wisse, dass sie erzählen könne, obwohl, sagt sie, das sei auch immer Geschmackssache, aber irgendwie kriege sie das schon hin. Was sie total hasse: »›Komm Franka, Franka hat so 'ne geile Geschichte.‹ Das ist ja no pressure, o Gott, und alle sind total dankbar, dass sie den Kopf jetzt für zehn Minuten zumachen können, während ich mal vom Leder ziehe.« Da würde sie sich so lange genieren, bis sie nichts mehr erzählen müsse. Ansonsten warte sie einen guten Moment ab, lasse die Leute ausreden, bis sie das Gefühl habe, jetzt habe sie die Aufmerksamkeit. »Man hat ja mittlerweile auch schon so ein Gefühl dafür, wie lang oder kurz man die Geschichte erzählen kann. Nun ja, und dann gibt es ja auch immer noch die Best-of-Geschichten, die man eine Saison lang erzählt.«

Ich will natürlich die aktuelle hören. Es ist die Geschichte der masturbierenden Frau: An einem Nachmittag in Los Angeles wollen Franka und ihr Freund zum Tennis fahren.

Das Problem ist, dass sie aus der Ausfahrt nicht herauskommen, weil eine splitterfasernackte Frau sich vor der Ausfahrt auf der Straße einen runterholt. »Da gibt es dann die ausgeschmückte Fassung und auch die etwas kürzere«, sagt Franka, »aber die läuft ganz gut.«

»Eine Sammlung von Anekdoten und Maximen ist für den Weltmann der größte Schatz, wenn er die ersten an schicklichen Orten in das Gespräch einzustreuen, der letzten sich im treffenden Falle zu erinnern weiß«, schreibt Johann Wolfgang von Goethe in *Maximen und Reflexionen*. Ein geistreiches und amüsantes Gespräch zu beherrschen, so Herman Roodenburg in *Kulturgeschichte des Humors*, war Ende des neunzehnten Jahrhunderts ein Zeichen von Urbanität. Urbanität als Gegensatz zu einer dörflichen Gemeinschaft, in der man beinahe alles gemeinsam erlebt. In der Moderne erkennt man Gemeinsamkeiten nur durch Erzählungen.

Wer keine eigenen Anekdoten hatte, dem halfen im siebzehnten Jahrhundert Bücher mit witzigen Sprüchen. Was man aber auf jeden Fall vermeiden sollte, erläutern die Anstandsbücher, dass man die Witze auswendig lernt und bei einem Essen, immer wenn sich die Gelegenheit bietet, einen davon loszuwerden versucht. Das Witzemachen sollte auch damals schon vor allem spontan und mühelos daherkommen, als ob die Bemerkung in jenem Moment entstanden sei und ganz natürlich in die Unterhaltung eingefügt worden wäre. Nur sollte man es nicht so machen wie der holländische Diplomat, von dem Herman Roodenburg berichtet. Der beeindruckte eine Tischgesellschaft mit den Intrigen am Hofe von Versailles. Bis auf einen. Der hatte dem Diplomaten das Buch, aus dem die Kuriositäten stammten, nämlich erst kürzlich ausgeliehen. Einen Dieter Bohlen gibt es wohl in jedem Jahrhundert.

Wenn man in ein beliebiges Wohnzimmer in Deutschland zoomen und den Dreißigjährigen beim Abendessen zusehen würde, was würde man da hören? Franka Potente erzählt von einem Essen bei Bekannten in Berlin-Mitte.

Es war der Geburtstag des Gastgebers, der ihn eigentlich nicht feiern wollte. Franka hatte keinen Alkohol getrunken, weil ihr gerade der Blinddarm herausoperiert worden war. Man redete so über dies und das, und dann forderte das schon halb betrunkene Geburtstagskind alle dazu auf, von ihrem außergewöhnlichsten Erlebnis zu erzählen. »Es war ein bisschen hau-ruck-mäßig«, sagt Franka Potente, »vielleicht langweilte er sich.« Ein junger Mann erzählte zwei lange Episoden aus Jugoslawien, eine Frau aus Leipzig berichtete von einer ulkigen Begebenheit, »und dann kam der Gastgeber dran. Er erinnerte sich daran, wie er mit sechzehn in einer Bhagwan-Disco war und ein Bhagwani sagte: ›Kinder, ihr nutzt eure Energie gar nicht richtig.‹ Er habe einen runden Tisch genommen, einer musste sich draufsetzen, und vier hoben den Tisch nur mit ihren Zeigefingern an. Einer aus unserer Geburtstagsrunde sagte sofort: ›Glaub ich nicht‹ und gab damit das Stichwort. Alle Weingläser, alle Antipasti wurden auf die Stühle verteilt.« Franka musste auf dem Tisch Platz nehmen, und die Finger wurden angesetzt. An einer Stelle ging der Tisch plötzlich irrsinnig hoch, die Frau aus Leipzig erschreckte sich, der Tisch fiel, und zwei Beine brachen ab. Stille. Die Freundin des Gastgebers fing an zu weinen. Niemand konnte sich mehr hinsetzen, weil die Antipasti auf den Stühlen standen. Dann sagte die weinende Frau, es sei auch ein bisschen viel im Büro gewesen. Ihr betrunkener Freund fügte hinzu: »Ach komm, der Tisch sieht gar nicht so schlimm aus.« Sie kreischte: »Hör mal, ich klatsch dir gleich eine.« Und er: »Mach doch.« Sie nahm eines der abgebrochenen Tischbeine und fing an, ihm damit auf den Hintern zu hauen. Ein anderer Betrunkener zog ihm die Hose runter und den Gürtel raus, und damit versohlte die Freundin ihm dann, halb im Spaß, halb wirklich sauer, den Hintern. »Und ich stand daneben und dachte: Das ist also das Leben von den Thirtysomethings in Deutschland. Filmreif, genauso passiert, Woody Allen live.«

Ist Geld mein Freund oder mein Feind?

Stephan Lebert besucht Günther Jauch

Mein erstes Geld? Ich kann mich nicht erinnern. Das erste Taschengeld? Das erste Gehalt? Fehlanzeige. Ich weiß es einfach nicht. Ich weiß aber ziemlich genau, wann ich zum ersten Mal Probleme mit Geld hatte.

Ich war Anfang zwanzig, hatte bereits eine Stelle bei einer Zeitung. Eines Morgens, kurz vor acht, läutete das Telefon. Ich hob noch ziemlich verschlafen ab. Ein Mann von meiner Bank war dran: »San Sie der Herr Lebert?« Ja. »Also, mit Ihrem Konto, das geht so nicht weiter.« Der Mann sagte, er habe sich die Kontobewegungen der letzten Wochen etwas genauer angesehen, und er könne nur sagen: »Entweder genga Sie in d'Spuibank oder Sie ham a deire Freindin.« Ich lebte damals noch in München, daher der bayerische Dialekt. Ich weiß noch gut, dass ich ihm entgegenzuhalten versuchte, ob er sich nicht gerade etwas im Ton vergreife. Der Mann antwortete: »Wenn Eana was nicht passt, dann lösen Sie doch Ihr Konto auf. Mir san froh.«

Wenn man mehr ausgibt, als man verdient: Steckt da nur eine gewisse Freude am Leben dahinter? Eine Therapeutin hat einmal zu mir gesagt, sie spüre eine gewisse depressive Grundtendenz, der ich ständig versuche wegzulaufen – durch Konsum oder durch die Arbeit, die dem Konsum zwangsläufig folgen muss. Kann sein, habe ich damals geantwortet. Ähnlich, wenngleich weniger psychologisch, drückte es eine Bankangestellte aus: Unabhängig davon, wie viel ich in einem Monat durch zusätzliche Honorare verdiente, ich würde immer noch mehr ausgeben – als sei es so etwas wie ein Auftrag. Nun, jedenfalls kann ich mich an ein paar Momente erinnern, in denen mich der Blick auf mein überzogenes Bankkonto tatsächlich aus einem kurzzeitigen Seelentief befreit hat. Nach dem Motto: Egal, wie ich mich gerade fühle, ich muss augenblicklich Geld verdienen.

Ist Geld mein Freund oder mein Feind? Ich nähere mich auf zwei verschiedenen Wegen einer Antwort, Wege, die sich auch immer wieder kreuzen.

Zum einen fahre ich nach Köln und schaue mir eine Aufzeichnung der Sendung *Wer wird Millionär?* an. Ich spreche mit dem Moderator Günther Jauch über das Thema Geld. Er ist dafür auf eine besondere Weise geeignet: Einer, der von Natur aus sparsam, manchmal sogar geizig ist, wird durch seine Erfolge zu einem Multimillionär. Wie verändert sich ein Mensch dabei? Ist das alles nur gut? Diese Frage stelle ich auch drei großen Gewinnern dieser Sendung. Ihr Sieg ist schon ein, zwei Jahre her. Genug Zeit ist also vergangen, um nach den Spuren zu suchen, die das viele Geld bei diesen Leuten hinterlassen hat.

Der andere Weg geht sich, zumindest scheinbar, einfacher: Ich befrage mich selbst. Also einen, der immer zu wenig Geld hat, obwohl er ganz gut verdient. Der zum Pferderennen geht und dort auch wettet. Einen, der, wie es immer so gerne heißt, nicht mit Geld umgehen kann.

Zunächst zwei Geschichten, an die ich häufig denken muss:

Die erste trug sich Mitte der Siebzigerjahre zu, die Hauptfigur ist ein guter Bekannter unserer Familie, der seine Verwandten und Freunde an Weihnachten und auch an anderen Festtagen großzügig beschenkte. Die Präsente hatten nur einen Nachteil, sie waren nicht bezahlt. Er war nämlich zeitlebens pleite. Und so wurden die Geschenke, etwa der Pelzmantel für seine Frau, im Durchschnitt drei Monate nach Übergabe wieder vom Gerichtsvollzieher abgeholt. Auf eine gewisse Weise war der Mann seiner Zeit voraus: Er hatte den Mantel praktisch geleast.

Die andere Geschichte ist aktueller. Vor nicht allzu langer Zeit traf ich mich mit einem älteren, sehr prominenten Journalistenkollegen in einem Café zur Vorbereitung eines Interviews. Was seinen Status und seine Erfolge angeht, hätte ich eher erwartet, dass er mir von irgendwelchen Luxuswohnungen oder Geldanlagen erzählt, aber nein, es kam anders. »Wissen Sie, was ich heute machen musste? O Gott, war das peinlich«, begann er und bestellte sich ein Glas Champagner. Es war so: Er ging am Morgen in die Personalabteilung seines Verlagshauses und bat um drei Monatsgehälter im Voraus. Ohne weitere Rücksprache konnte die Sachbearbeiterin dies nicht bewilligen. Mein verdienter Kollege stand also fast eine Stunde in den Büros der Personalabteilung herum, bis er irgendwann die Bestätigung bekam, na gut, weil er es sei, werde die Zahlung erfolgen. Dass ihm diese Aktion höchst peinlich war, lässt sich ganz gut nachvollziehen.

Ich muss zugeben, ich finde solche Geschichten lustig. Und sogar noch etwas mehr: Denn hinter derartigen Geschichten steckt eine ganze Menge Leben. All das Geld, das da fehlt, muss ja schließlich für etwas ausgegeben worden sein. Die Tragik, die darin ja auch liegt, sehe ich nicht, interessiert mich nicht besonders. Ich habe beispielsweise vergessen, wie das Leben von dem Mann mit dem unbezahlten Pelzmantel weitergegangen ist.

Nach dem Millionengewinn I.
Frau Grabherr sagt, sie habe dann doch keine größere Reise gemacht, »wegen des Hundes. Wenn wir mit dem Schiff oder dem Flugzeug weggefahren wären, wer hätte dann auf den Hund aufgepasst?« Aber sie hat sich ein Haus gebaut: »Das ist schon etwas anderes, als immer zur Miete zu wohnen.« Sie ist fünfzig Jahre alt, mollig, verheiratet, hat keine Kinder. Ob sich seither in ihrer Ehe etwas verändert hat? »Nee«, lacht sie, »wir haben uns immer schon nur am Wochenende gesehen. Die Ehe ist so, wie sie vorher auch war.« Ihr Hobby ist das Spielen. Sie spielt Skat und geht in die Spielbank. Vor zehn Jahren hatte sie in einem Preisausschreiben zwölftausend Mark gewonnen.

Bei der Quizsendung *Wer wird Millionär?* hat Frau Grabherr eine Million Euro gewonnen. Eine Hand voll Menschen hat das inzwischen geschafft. Knapp ein Dutzend hat eine halbe Million mit nach Hause genommen. Hat das Geld Glück gebracht?

Beispielsweise Herrn Horch? Er ist von Beruf Maschinenmonteur und wirkt bodenständig, was daran liegen mag, dass er gegen Ende der Unterhaltung häufig auf die Uhr blickt: »Entschuldigung, aber ich muss los, ich will bei Freunden Fußballbundesliga schauen.« Von Montag bis Freitag ist er unterwegs, nur das Wochenende verbringt er bei seiner Familie. Das war alles auch schon so, bevor er die halbe Million Mark gewann. »Wie oft, meinen Sie, habe ich mich schon darüber geärgert, dass das damals noch keine Euro waren.«

Alexandra Greinwald ist eine hübsche, schmale, dunkelhaarige Frau, vierzig Jahre alt. Sie lebt in München und hat gleich mehrere Berufe: Sängerin, Schauspielerin, Lehrerin. Durch den Gewinn, eine halbe Million Euro war es bei ihr, habe sie Einblick bekommen in eine Welt, die ihr bislang völlig fremd gewesen sei, die Welt des Geldes. Ihr Finanzberater sei plötzlich außerordentlich freundlich gewesen.

Zu Glücksspielen und Lotterien haben Menschen die unterschiedlichsten Beziehungen. In dem Ort im Süden von München, in dem ich aufgewachsen bin, einem dieser Flecken, der in dem dort üblichen Hang zur Übertreibung gerne als Prominentenort bezeichnet wird, unabhängig davon, wer da eigentlich wohnt, hat ein Bewohner eine besondere Geldgeschichte. Er war einmal ein einfacher Bauarbeiter gewesen, bis er eines Tages im Lotto gewann, ein paar hunderttausend Mark sollen es gewesen sein. Der Mann, er war um die vierzig, hörte auf zu arbeiten und baute für sich allein ein Haus zwischen den Häusern der Wohlhabenden. Und nach wenigen Jahren hatte er erneut sechs Richtige im Lotto und gewann wieder sehr viel Geld. Er gehörte zum Straßenbild unseres Dorfes: ein gehetzt wirkender Mann, immer ohne Begleitung. Warum hat ausgerechnet der so viel Glück – auch diese Frage gehörte zu unserem Alltag. Er war nämlich nicht gerade beliebt. Er war das torkelnde Gespenst meiner Jugend: Man erschrak, wenn er einem begegnete, schwankend und nach Alkohol riechend. Das Geld hatte ihm kein Glück gebracht. Wie sein Leben wohl ohne diese Haupttreffer verlaufen wäre? Gesoffen hat er auch schon vor dem Gewinn.

Das Bild dieses Mannes hatte ich im Kopf, als ich nach Köln-Hürth fuhr, in dieses seltsame Gewerbegebiet, in dem so viele Fernsehfirmen ihr Quartier aufgeschlagen haben. In einer besonders trostlosen Straße entsteht *Wer wird Millionär?* Hier wird viel Geld verdient und ausgegeben. Wenn man nun vor diesem TV-Container steht – was verbindet man da mit dem Thema Geld? Geld regiert die Welt? Nein, eher: Monopoly, Spielgeld.

Drinnen beginnt bald die Aufzeichnung einer neuen Sendung. Die Millionärskandidaten sitzen auf den Gängen und sind nervös. Als müssten sie zur mündlichen Abiturprüfung. Niemand kann durchfallen, aber jeder kann sich vor einem Millionenpublikum lächerlich machen.

Was sie denn anstellen würden mit dem großen Hauptgewinn, rein theoretisch? Viel Achselzucken, viel Gestottere, viel Vernunft: »Ich glaube, ich würde das Geld anlegen.« Das Wildeste sagt eine Frau mit roten Backen nach einem langen Seufzer: »I würd ois den Kindern geben.«

Auch Klaus Nothnagel, ein Berliner Journalist, ist dabei. Er weiß noch nicht, dass er gleich in der ersten Runde ausscheiden wird.

Es ist später Nachmittag. Günther Jauch sitzt in seiner Garderobe. Er muss sich umziehen, wird noch ein bisschen gepudert und geschminkt, was eben so passiert, wenn einer gleich vor der Kamera steht. Zwei Sendungen werden aufgezeichnet, zu jeder trägt er einen anderen Anzug, die braunen Schuhe passen zu beiden. Nervös ist er gar nicht, natürlich nicht, er moderiert ein paar hundert Sendungen im Jahr, der Alltag im Studio ist ihm längst in Fleisch und Blut übergegangen.

»Was glauben Sie, Herr Jauch, ist Geld eher Ihr Freund oder Ihr Feind?« Er lässt die Frage erst einmal unbeantwortet und erzählt, wie vorsichtig er immer mit Geld gewesen sei. Er habe versucht, nach der Devise zu leben: Die Hälfte der Einkünfte wird gespart. Nach der Journalistenschule in München wurde er Redakteur beim Bayerischen Rundfunk, er bekam damals knapp sechstausend Mark – das war ihm eigentlich zu wenig. Doch hatte er damit eine bombensichere Anstellung, was für einen Sparsamen und Vernünftigen ja auch durchaus reizvoll ist. Was also tun: kündigen, dann frei arbeiten und dabei viel Geld verdienen oder fest angestellter Redakteur bleiben?

Wie er da in der Garderobe so vor mir steht, in Jeans, mit nacktem Oberkörper, ohne Allüren, frage ich mich: Wenn er den anderen Weg weitergegangen wäre, das etwas schattigere Leben eines Redakteurs geführt hätte, stünde da heute ein ganz anderer? Klar stünde da ein anderer: Sein Reichtum, seine Macht, die Villa in Potsdam, der Alltag im Scheinwerferlicht, all das hat ihn längst geprägt.

An seine erste Million, sagt er, könne er sich noch genau erinnern, »nicht als Kontostand, sondern als Helmut Thoma mir ein Angebot machte«. Für seinen Job bei *Stern TV* wurde ihm eine Million Mark Jahresgehalt vom damaligen RTL-Chef zugesagt, »dies war für mich so unvorstellbar: eine Million. Ich überlegte, wie lange ich arbeiten muss, nach den Abzügen, den Steuern, bis ich sie habe.« Heute, sagt Jauch, könne er schon längst nicht mehr genau sagen, wie viel Geld er habe.

Seinen wachsenden Reichtum begleitete von Anfang an »die Angst, faul zu werden, träge, davor habe ich einen totalen Horror«. Er kenne Leute, die sich auf Mallorca zur Ruhe gesetzt hätten, »die schwärmen von ihrem entspannten Leben. Ich frage dann: Was macht ihr denn den ganzen Tag? Ach, sagen sie, man trifft Freunde, öffnet mittags schon mal einen Rotwein.« Jauch verzieht das Gesicht: »Nein, das wäre nichts für mich, gar nichts.« Er arbeitet von Jahr zu Jahr immer noch mehr. Er sagt, er sei ein »sehr schlechter Genießer«. Im vergangenen Sommer verbrachte er mit Frau und Kindern zum ersten Mal seit vielen Jahren einen dreiwöchigen Urlaub, »sonst waren es nie mehr als fünf Tage«.

Nach dem Millionengewinn II.
Frau Grabherr, Frau Greinwald und Herr Horch begegneten Günther Jauch nur ein einziges Mal, bei ihren jeweiligen Sendungen. Er fragte sie, ob es im Buddhismus Schutzengel gebe, wer von den Bee-Gee-Brüdern Zwillinge seien und wie das Expeditionsschiff von Charles Darwin geheißen habe. Und natürlich waren die drei vorbereitet.

Wochenlang, erzählt Frau Grabherr, habe sie nichts anderes getan, als Atlanten und Lexika zu wälzen, um sich immer noch eine Jahreszahl und noch einen Flusslauf einzuprägen. Herr Horch sagt, er habe »praktisch alle tausend Fragen aus dem Spiel Trivial Pursuit auswendig gekonnt«.

Martin Horch, der Maschinenmonteur, hatte am Tag der Sendung zweiunddreißig Jahre Leben hinter sich. Zu Hause in Aerzen gab es außer einer großen Maschinenfabrik nicht viele Berufsaussichten. »Schon als Kind und Jugendlicher habe ich immer den Satz gehört: Wer in dieser Fabrik einen Job bekommt, der zieht das große Los, das ist wie ein Sechser im Lotto. Na, und dann bekam ich den Job.« Der gelernte Schlosser geht für seine Firma auf Montage, meist in Deutschland, manchmal auch im Ausland, häufig in Finnland. Er wartet und montiert Maschinen, so genannte Druckkolbengebläse, »die braucht man in Häfen und auch in riesigen Klärwerken. Ich habe ganz kurz nach dem Gewinn überlegt, ob ich aufhören soll. Dann hätte ich eine Kneipe aufgemacht, so im irischen Stil, nett, gemütlich. Aber, nein, zu riskant.«

Horch sagt: »Ich bestehe aus zwei verschiedenen Seiten.« Zum einen sei er leichtsinnig, fast verschwenderisch, einer, der viel erleben wolle, ein Globetrotter. Diese Seite hat noch am Abend des Sieges seinen besten Freund angerufen und mit ihm ausgemacht, für ein paar Wochen in den brasilianischen Regenwald zu fahren. »Das haben wir dann auch gemacht. Mittendrin waren wir, haben in Hütten gelebt. Es war großartig.« Zum anderen hat er seine Frau früh kennen gelernt und zwei Kinder bekommen. Das Wochenendleben mit Freunden und Familie, die Heimat. Diese Seite hat sich vom Gewinn ein Haus gebaut, nur ein paar Straßen entfernt von der alten Mietwohnung. Kurz vor unserem Gespräch war er noch auf dem Dach, es musste winterfest gemacht werden. Martin Horch ist ein vernünftiger Mann. Wenn er unterwegs auf Montage ist, informiert er sich, welche Museen in der Gegend sind, »damit ich etwas Sinnvolles in meiner freien Zeit tue«.

Hätte der Gewinn die Waagschale zu Gunsten des leichtsinnigen Herrn Horch verändern können? Die Kinder, die Familie, antwortet er, da verbiete man sich eben die Abenteuer. Hat die halbe Million gar nichts erschüttert? Nein, sagt er, und erzählt die Geschichte seines Vaters. Vor ein paar Monaten fiel der plötzlich um, Herzinfarkt, tot – noch nicht sechzig Jahre alt. »Nie hatte er etwas am Herzen gehabt – das hat mich verändert.«

Alexandra Greinwald sitzt in ihrer Küche in München, trinkt grünen Tee und erzählt von ihrem Lebensweg. Musisches Gymnasium, Musikstudium in Bregenz. Später nahm sie Gesangsunterricht. Sie spielt Theater und singt in einer Band, arbeitet auch als Personaltrainerin in der Wirtschaft. »Mich interessiert sehr viel, und ich genieße es, wenn ich mich nicht festlegen muss. Mein Problem ist vielleicht, dass ich keinen besonderen Ehrgeiz habe.«

Ihr Mann löste manchmal im Internet zum Zeitvertreib die Fragen von der Millionärssendung, und wenn er sie was fragte, wusste sie es meistens. Also rief sie einmal an bei der Hotline, eher zufällig, kam gleich durch, konnte die Quizfragen beantworten – und einige Wochen später wurde sie nach Köln eingeladen. Mit den Einnahmen aus diesen Telefongesprächen kann RTL etwa ein Drittel der Preisgelder finanzieren.

Nach dem Gewinn ihrer halben Million Euro rutschte sie draußen vor dem Container in Hürth auf dem Parkplatz aus. »Ich dachte sofort: Mensch, pass auf, dein Glückskonto ist jetzt leer.« Seither hat sie sich ein paar neue Schuhe gekauft, einen Computer, ein Auto, eine neue Küche. Sie macht noch eine Ausbildung, diesmal zur Theaterpädagogin. Sie lernt eben gerne. Und dann war da noch der Moment, vielleicht der wichtigste, als sie überlegte, ob sie die CD ihrer Band finanzieren solle. »Wir haben lange einen Finanzier gesucht. Jetzt hätte ich es machen können. Aber plötzlich dachte ich, nun wird es gefährlich, du veränderst die Wirklichkeit, nur weil du Geld hast. Das wollte ich nicht. Wenn jemand unsere Musik mag, kommt auch irgendwann ein Produzent.« Nein, sagt Alexandra Greinwald, »Geld muss leicht bleiben, man darf es nicht zu nahe an die Seele kommen lassen«.

Ihr Mann kommt in die Küche, Typ Bär, Beruf Musikveranstalter. Wenn man so will, ist er schuld, dass sie nur eine halbe und keine ganze Million gewonnen hat. Denn er war ihr Telefonjoker, und sie rief ihn bei der letzten Frage an und wollte von ihm wissen, ob der Klunkerkranich ein echter Vogel sei. Der Ehemann sagt, vor der Sendung hätten sie hin und her überlegt, wer der bessere Joker sei: er oder ein Arbeitskollege. Nun, der Kollege hätte es gewusst. Er war nämlich früher Tierpräparator und hatte den Klunkerkranich schon in den Händen gehabt. Der Bär und seine schmale Frau müssen sehr lachen, als sie das erzählen.

Marlene Grabherr, die Hausfrau mit Hund, war damals die »dicke Millionärin«, so lautete die Schlagzeile. Sie hat sich nicht nur ein Haus gebaut, sondern auch einen Alfa Romeo gekauft, und dann noch einen, den neueren. Und sonst? Na, Ärger gab es mit der Verwandtschaft, mit der Familie ihres Mannes hat sie keinen Kontakt mehr. Um was es genau ging, möchte sie nicht sagen, aber mit dem Geld hatte es zu tun, klar. »Die waren schon vor der Sendung komisch. ›Was willste denn da?‹, sagten sie. Die haben mir nichts zugetraut.« Und dann, erzählte sie, bekam sie viele Bettelbriefe, die sie alle unbeantwortet ließ, natürlich. Einer wurde frech und drohte, »kannst dir deinen Sarg von innen anschauen, wenn du nicht zahlst«. Hat sie die Polizei benachrichtigt? Ach was.

War der Ärger insgesamt zu arg? Nein, nein, ruft Frau Grabherr. Sie habe sich schon wieder bei den anderen TV-Quizshows beworben, »ich mache da sofort wieder mit, nicht nur wegen des Geldes, es war insgesamt so ein Triumph«. »Wissen Sie«, sagt sie, sie sei ja so lange arbeitslos gewesen, »wer braucht schon eine fünfzigjährige Bürokauffrau?« Heute sucht sie keinen Job mehr, heute spendet sie für den Tierschutzverein. Und sonst? Im Grunde sei alles wie immer. »Na ja, die Spielbank macht mir nicht mehr so viel Spaß. Ich glaube, man wird geizig, wenn man Geld hat.«

Geld scheint also nichts zu verändern. Menschen korrigieren ihren eingeschlagenen Weg nur höchst ungern. Der Geldregen – als würde Wasser auf einer heißen Herdplatte zerplatzen.

Was sagen die Philosophen zum Thema Geld? Lässt sich bei ihnen eine Antwort auf die Frage, ob Geld Freund oder Feind ist, finden?

Erasmus von Rotterdam schreibt schon im sechzehnten Jahrhundert *Wider einen reichen Geizhals*: »Nichts ist schädlicher als das Geld. Kein verhängnisvolleres Übel hat der schwarze Styx uns gegeben. Das Geld ist Mutter und Zögling jeglichen Übels, hegt das Laster und behandelt das Gute stiefmütterlich.«

Im achtzehnten Jahrhundert hingegen dichtet Johann Gottlob Krüger, »Professor für Weltweisheit« an der Universität Halle, in einer *Vorrede vom Gelde*: »Hätten die Menschen eine mehr als menschliche Vernunft, so hätten wir kein Geld nötig. Aufgrund der Mangelhaftigkeit der menschlichen Ausstattung, zumal im Hinblick auf Moral und Vernunft, ist es nötig. Erst das Geld vermag, was Vernunft und Pflichtgefühl aus eigener Kraft nicht zu leisten vermögen: nämlich Menschen zur Erfüllung der Pflichten anzutreiben, welche ihnen die Vernunft vorschreibt, zu deren Erfüllung sie aber zu zwingen, nicht grausam genug ist.«

Auch Johann Wolfgang von Goethe hat sich natürlich wiederholt mit dem Mammon beschäftigt. Einmal besonders drastisch in *Faust, der Tragödie zweiter Teil,* in der Walpurgisnacht-Orgie, wo er den teuflischen Zusammenhang zwischen Geld und Sexualität formuliert. So wendet sich der Satan an die männliche Welt:

Euch gibt es zwei Dinge
So herrlich und groß:
Das glänzende Gold
Und der weibliche Schoß.
Das eine verschaffet,
Das andere verschlingt.
Drum glücklich, wer beide
Zusammen erringt!

Und an die weibliche Welt:

Für euch sind zwei Dinge
Von köstlichem Glanz:
Das leuchtende Gold
Und ein glänzender Schwanz.
Drum wißt euch, ihr Weiber,
Am Gold zu ergötzen
Und mehr als Gold
Noch die Schwänze zu schätzen.

Nun ja. Es ist Goethe. Deshalb sei das Zitat erlaubt.

Inzwischen haben sich die Philosophen längst darauf geeinigt, dass das Geld die Chiffre unserer Zeit ist. Professor Jochen Hörisch, eine Art geistiger Geldforscher, bringt es auf eine Formel: »Die Welt wäre ohne Geld gänzlich unlesbar geworden und verschwände im Taumel einer universalen, entstrukturierenden Desorientierung.« Geld regiert und strukturiert die Welt wie nichts anderes, auch wenn der Soziologe Niklas Luhmann dem Geld eine »geradezu abartige Indifferenz und metallene Herzenskälte« attestiert.

Köln-Hürth. Günther Jauch hat sich umgezogen, gleich beginnt die Sendung. Noch einmal die Frage an ihn: »Ist Geld Ihr Feind oder Ihr Freund?« Jauch antwortet, eher ein Freund, weil finanzielle Schwierigkeiten für die Betroffenen sehr quälend sein können. Aber dann sagt er auch, in Deutschland habe die Gesellschaft beschlossen, dass Menschen, die viel Geld haben, erfolgreich sind und einigermaßen gut aussehen, keine Probleme haben dürfen. »Sehen Sie, wenn ich irgendein Problem hätte, unglücklich wäre, ich könnte es nicht zeigen. Keine Chance. Das andere Bild ist zu stark. Ich beklage das nicht. So ist es eben.«

Die Sendung läuft. Der Kandidat Klaus Nothnagel, ein Berliner Journalist, sitzt auf dem Stuhl. Er kommt schnell voran bis zur Achttausend-Euro-Frage: Aus was besteht die Luft zu achtundsiebzig Prozent? Er schwankt zwischen zwei Möglichkeiten, Sauerstoff oder Stickstoff. Er könnte das Publikum fragen, seinen Joker anrufen. Er antwortet: Sauerstoff. Es ist Stickstoff. Vorbei, zurückgefallen auf fünfhundert Euro. Später sagt Nothnagel, am meisten habe ihn geärgert, »dass mich auf diesem Stuhl die Gier befallen hat. Ich wollte das große Geld und habe dabei kurz den Verstand verloren.« Was er mit einem Gewinn gemacht hätte? Na ja, meint er, »ich habe gerade meinen Job verloren. Da wäre mir für meine Familie und mich ganz sicher etwas eingefallen.«

Zurück zu meinem Leben, zu meinem Alltag. Ist Geld mein Freund oder mein Feind?

Neulich habe ich an mir etwas beobachtet, was mich beunruhigt hat. Beim Aufräumen in meiner Wohnung fand ich eine Tüte, die vergessen und verstaubt in einer Ecke stand. Es waren zwei, drei Bücher drin, ganz neue, und ein paar Videos, auch neu. Mir fiel ein, ich hatte sie vor einigen Wochen aus der Stadt mitgebracht – und nicht ausgepackt. Warum habe ich sie gekauft? Um irgendetwas zu kaufen, aus Gewohnheit, gedankenlos? Ich war zu einem Automaten geworden. Darüber bin ich erschrocken.

Vor einigen Jahren glaubte meine Freundin, ich würde wie programmiert handeln – und dabei war es nicht so. Sie machte mir eine Szene, als wir zusammen nach Venedig gefahren waren, um ihren Geburtstag zu feiern. Sie sagte, das sei ihr alles zu schön, zu luxuriös, zu viel Oberfläche. Ich habe mich damals sehr darüber geärgert – und würde so eine Vergnügungsreise auch heute noch verteidigen. Denn das Leben besteht darin, Glückspartikelchen zu sammeln, und die können auch Venedig – also auch Konsum – heißen. Aber ich verstehe jetzt vielleicht ein wenig besser, wie sie sich damals gefühlt hatte. Denn eine andere Freundin erklärte mir, wenn sie mit einem Partner in einer Krise steckt und der ihr vorschlägt, lass uns ein paar Tage wegfahren, bekomme sie das Kotzen. So eine Idee, sagt sie, sei aus ihrer Erfahrung immer der Anfang vom Ende.

Wenn man ein bisschen zu viel kaufen will mit seinem Geld. Wenn man nicht mehr weiß, dass bestimmte luxuriöse Momente, bestimmte Anschaffungen etwas Besonderes sind. Anders ausgedrückt: wenn die Relation verloren geht. Das führt dann zu dem Schrecken, der einen befällt, wenn man sich amerikanische Filmdokumentationen über hyperreiche Kinder anschaut, die als Seelenwracks hilflos in ihren goldenen Käfigen umherspringen. Oder wenn man deutschen Managern zuhören muss, die gar nicht mehr begreifen können, warum irgendjemand etwas dagegen haben könnte, dass sie eine Abfindung von ein paar hundert Millionen Euro erhalten.

Der Umgang mit dem Geld. Ich finde, es ist immer ein ödes Zeichen für eine Party oder ein Abendessen, wenn Leute davon erzählen, wie sie ihr Geld anlegen, wie sie irgendetwas besonders günstig erworben haben und dann vielleicht noch eine Diskussion darüber anfangen, ob es jetzt besser ist, ein Auto zu leasen. Und: Weiß eigentlich jemand, ob die Immobilienpreise in Hamburg gefallen sind?

Ich kann solche Gespräche nicht leiden – na ja, kein Wunder, werden Sie sich nun denken –, weil es immer Siegergeschichten sein wollen. Den Beweis dafür haben diese Leute selbst erbracht: Zu Boomzeiten des Neuen Markts drängten sie uns auf, wie viel sie heute wieder mit ihren Aktien verdient hatten. Und dann, als der Absturz begann, kam gar nichts mehr. Da war nur noch Schweigen. Dabei hätte man diese Erzählungen ganz gerne gehört.

Ich mag andere Geschichten lieber. Ich lese zum Beispiel immer wieder gerne in der Biografie von Edgar Wallace, dessen Geldprobleme derart massiv waren, dass er stets die Einkünfte aus drei bis vier seiner Krimis direkt an die Bank verpfändete. Allerdings hatte er sie noch gar nicht geschrieben.

Oder meine Lieblingsanekdote von Honoré de Balzac. Er sollte ein neues Stück für ein großes Pariser Theater schreiben, das Geld hatte er bereits kassiert. Der Termin des Probenbeginns rückte näher und näher. Balzac vertröstete und vertröstete. Er hatte noch keinen einzigen Dialog geschrieben, hatte keine Ahnung, welchen Stoff er überhaupt behandeln wollte. Drei Tage vor der absoluten Deadline rief er ein paar Schriftstellerfreunde zusammen, stellte Wein auf den Tisch und bat, jeder von ihnen solle eine Figur entwickeln, mit bestimmten Eigenschaften, egal, was. Balzac fügte dann die Figuren zu einer Handlung zusammen. Das Stück wurde ein großer Erfolg.

Es gibt eine wunderbare Szene in der englischen Fernsehserie *Für alle Fälle Fitz*, in der ein schwergewichtiger Polizeipsychologe schwierige Fälle löst. Fitz hat privat Probleme, er trinkt, und er spielt und wettet vor allem auf der Rennbahn. In dieser Szene nun steht er am Kleiderschrank seiner Frau, deren Geld er gerade wieder auf den Kopf gehauen hat, und zählt auf, von welchen Gewinnen bei Pferderennen er ihr welches Kleid gekauft hat. Die Szene ist deshalb so gut, weil er sie mit seiner Eloquenz nicht mehr herumkriegt. Man sieht ihr eisiges Gesicht. Sie hat einfach zu viel mitgemacht. Und er weiß auch, bei all seinem Gerede, dass es so nicht mehr weitergeht.

Bei mir geht es noch. Wer weiß, vielleicht kommt der Tag,

an dem ich mich mehr mit Freuds Psychoanalyse des Geldes beschäftigen werde. Seine Gleichsetzung von Kot und Geld war mir bislang nicht sonderlich sympathisch. Obwohl es schon erstaunlich ist, wie viele geizige Menschen chronische Verstopfung haben.

Wer weiß, was noch kommen wird. Ich kannte einen Mann, der sehr alt wurde und bis unmittelbar vor seinem Tod sehr hart arbeitete und auch relativ bescheiden lebte. Dabei hatte er einen ganz anderen Ruf: Als junger Mann, auch als frisch gebackener Familienvater, brachte er sein Geld mit allen möglichen Vergnügungen durch. Er propagierte dieses Modell: Als Junger leben, wenn du was davon hast, als Alter arbeiten, wenn sonst nicht mehr so viel los ist. Bei ihm hat es funktioniert.

Vielleicht sollte darüber die Bundesregierung auch einmal nachdenken. An allerlei Schizophrenie ist unsere Gesellschaft ja bei diesem Thema gewöhnt. Man predigt den vernünftigen Umgang mit Geld, Sparsamkeit, den bewussten Konsum – und wenn das alle machen würden, stünde uns der wirtschaftliche Zusammenbruch bevor. Die Bundesregierung und ich: Man gibt mehr aus, als man hat. Man setzt auf das Prinzip Zukunft.

Neulich hörte ich im Radio einen Vortrag von Albert Einstein, den er als alter Mann vor Studenten gehalten hatte. Er sagte, wenn er einen Ratschlag geben könnte, dann diesen: »Suchen Sie sich in Ihrem Leben noch etwas anderes als Ihren Beruf.« Ohne das komme man nicht durch. Bei ihm war es das Geigenspiel.

Ich dachte über mein Leben nach. Schade, dass man Einstein nicht mehr fragen kann. Geht Rennbahn auch?

Wie viel Tod verträgt das Leben?

Stephan Lebert spricht mit dem Fotografen Walter Schels

Ich laufe. Vierzig Minuten um einen See herum, in Berlin. Das beruhigt. Beim letzten Mal habe ich das nicht gemacht. Sonst ist vieles ähnlich. Denn es ist wieder so weit. Ein Mensch, den ich sehr mag, ist sehr krank. Jemand aus der Familie. Er liegt in einer Klinik. Man weiß nicht, ob er stirbt. Möglich ist es.

Was ist das für ein Zustand, in dem ich gerade bin? Angst spielt mit, ganz sicher. Angst davor, einen Menschen zu verlieren. Aber auch die Angst, was dieser Tod mit mir machen wird. Das ist eines der Merkmale von Tod, wenn er einen in der Seele trifft: Er blickt einen immer aus zwei Richtungen an. Da ist der Tote, den man so sehr vermisst. Und da bin ich, plötzlich ein anderer geworden. Aber wer?

Als mein Vater starb, endete es letztlich damit, dass ich eine Therapie machte, machen musste. Ich war damals zweiunddreißig Jahre alt. Wenn es wieder passiert, was macht der Tod diesmal mit mir? Bin ich weiter? Was soll das heißen: weiter? Es braucht einige Überwindung, um angesichts eines Sterbenden an sich selbst zu denken. Man muss dies aber tun. Dies musste ich lernen. Es wenigstens zu versuchen.

Das Laufen hilft mir. Zum einen ist das Handy für eine knappe Stunde ausgeschaltet, niemand kann mich erreichen, auch die Klinik nicht. Und dann beruhigt anscheinend dieses Mechanische. Schritt für Schritt, man wird atemlos, man schwitzt. Denkt gar nichts. Einfach nur weiterlaufen. Die Schatten der Bäume im Wasser. Die Wolken, der Himmel über einem. Man drückt für einen Moment die Pausentaste.

Vielleicht klingt es banal: Aber kann es sein, dass solche mechanischen Vorgänge hilfreich sind, weil der Tod ja auch etwas Mechanisches hat? Geburt und Tod: So einfach ist die Mechanik des Lebens.

Wer nun die Sorge hat, dieser Text könnte ein wenig zu esoterisch geraten, der sei beruhigt: Ich gehöre nicht zu denen, die sich dauernd eins fühlen mit der Natur. Ich will es auch gar nicht. Ich bin immer eher skeptisch, wenn von »der Natur« geschwärmt wird. Der Starke siegt über den Schwachen. Der Gepard frisst die Antilope. Der Mensch schickt andere Menschen in die Gaskammer. Der Klugheit irgendwelcher Naturgesetze habe ich immer misstraut. Ein sehr guter Freund von mir sagt, er sei zwei mit seinem Körper. So ähnlich ist das bei mir auch. Vielleicht verstehen wir uns deshalb so gut, ich meine jetzt: der Freund und ich.

Möglicherweise trifft es so jemanden wie mich dann besonders hart, wenn der Tod Besitz von einem ergreift. Ich hatte ein paar Wochen nach dem Tod meines Vaters heftige Panikattacken. Sigmund Freud hat einst gesagt, der Grund dafür, Psychologe zu werden, Seelenforscher, sei die Frage gewesen: Wer spricht da zu mir, wenn man Angst hat, traurig oder frustriert ist, und wenn man deshalb auch körperlich leidet?

Ich kann nicht genau sagen, wer da zu mir spricht, ich weiß nur sehr genau, wie mich der Tod verändert hat. Ich hatte einmal ein langes Gespräch mit meinem Vater kurz vor seiner schweren Operation. Ich hatte mich vor diesem Treffen ein wenig gefürchtet. Wie wird er am vielleicht letzten Abend seines Lebens sein? Wird er weinen, wird er zusammenbrechen? Er, den ich bis dahin niemals richtig schwach gesehen habe. Er war damals noch keine sechzig Jahre alt.

Wir saßen an einem weißen Tisch in der leeren Krankenhaus-Cafeteria. Weiter hinten spielten ein paar Männer in Bademänteln Karten. Es war schon spät, die Bedienungen waren längst gegangen. Ich holte uns zwei Becher Kaffee aus dem Automaten. Er war sehr ruhig, gelassen. Wir redeten über alles Mögliche, aber eine Sache ist mir besonders in Erinnerung geblieben. Er sagte, er würde gerne noch weiterleben, klar. Wenn es aber nun vorbei sei, dann könne er diese Vorstellung nur aus einem einzigen Grund ertragen: Sein Leben sei gut gewesen, natürlich habe er Fehler gemacht, im Ganzen habe er aber nicht das Gefühl, irgendetwas Wichtiges versäumt zu haben. Er ziehe eine positive Bilanz, wäre das nicht so, sagte er, »würde ich hier an der Decke kratzen angesichts der Vorstellung, dass es jetzt vielleicht vorbei ist«. Die Operation hatte er übrigens überlebt. Er starb erst viereinhalb Jahre später.

Das hat mich von da an nicht mehr losgelassen: Ich will eines Tages auch nicht an der Decke kratzen. Ich will an jenem Tag, der ja kommen wird, mehr oder weniger zufrieden mit meiner Bilanz sein. Also fing ich an, mein Leben zu beschleunigen. Ich sammelte Glückspartikelchen, wie es der Philosoph Ludwig Marcuse einmal formuliert hat. Alles aus Sorge vor dem Tag X. Wenn man so will: Man lebt sein Leben vom Ende her. Das ist ein Prinzip, das auf eine gewisse Weise funktioniert. Man hat immer ein klares Korrektiv vor sich: Verschwende ich gerade meine Zeit? Lebe ich intensiv genug? Umgebe ich mich mit den richtigen Menschen? Oder sind das gar nicht die Fragen, die mich beschäftigen? Habe ich den Tod zu nahe an mein Leben herankommen lassen, ohne dass ich es wirklich bemerkt habe?

Goethe hat die wunderschönen Zeilen formuliert:

Und solang du das nicht hast,
Dieses: Stirb und Werde!
Bist du nur ein trüber Gast
Auf der dunklen Erde.

Wenn ich das nur leben könnte – oder mache ich vielleicht einen Fehler, wenn ich jetzt schon glaube, ich wüsste, wie ich am Ende über mein Leben dächte? Es gibt Momente, da fürchte ich, ich habe mich eines wichtigen Stilmittels im Leben beraubt: sich treiben zu lassen, nicht darüber nachzudenken, was man gerade tut.

Aber vielleicht kann man das nicht mehr, wenn man dem Tod gegenübergestanden hat. Neulich habe ich ein Interview mit dem amerikanischen Schriftsteller Paul Auster gesehen, in dem er schildert, wie er als Fünfzehnjähriger auf einem Klassenausflug zusammen mit seinen Mitschülern in ein fürchterliches Unwetter geraten war. Sein damals bester Freund stand neben ihm und wurde plötzlich von einem Blitz getroffen. Er war sofort tot. Warum er, warum nicht ich?, fragt Auster. Was hätte der Freund für ein Leben gehabt, wenn er nicht gestorben wäre, wenn er einen Meter weiter rechts gestanden hätte? Auster sagt, seit diesem Moment habe ihn dieses Thema nicht mehr losgelassen, »es gibt kaum einen Tag, an dem ich nicht darüber nachdenke«.

Wie viel Tod verträgt das Leben?

Ich rufe bei Walter Schels in Hamburg an. Er ist so etwas wie ein Forscher des Todes. Vor mehr als dreißig Jahren hat er sich diesem Thema auf eine ungewöhnliche Weise genähert. Er fing an, Babys zu fotografieren, unmittelbar nach der Geburt. Und er stellte dabei etwas Überraschendes fest:

»Keine Spur von jenem niedlichen Gesicht, das wir bei einem Baby erwarten. Die Stirn gefurcht, der Mund leidvoll verzerrt. Da schaute mich ein Greis mit großen, wissenden, schmerzerfüllten Augen an. Wer war dieses Wesen? Woher kam es? Was fühlte es? Was wusste es? Ich wurde neugierig.« So beschreibt Schels in seinem brillanten Buch *Das offene Geheimnis*, wie alles für ihn begann.

Er fotografierte und fotografierte: Sechslingsgeburten, Kaiserschnitte, sanfte und normale Geburten. Und immer entdeckte er in den kleinen Gesichtern einen sehr ähnlichen Ausdruck: Schmerz, manchmal sogar fast Entsetzen. Natürlich steckt in den Gesichtern die physische Anstrengung der Geburt. Doch da ist noch mehr, ein merkwürdiger, alter und wissender Ausdruck. Woher kommt dieses Wissen? »In unserer Kultur wird der Gedanke an den Tod gerne verdrängt. Allein im Zusammenhang mit einem neugeborenen Baby davon zu sprechen, erscheint geschmacklos. Ich muss jedoch gestehen, dass ich keine Geburt miterlebt habe, bei der ich nicht auch an das andere Ende des Lebens gedacht hätte: an den Tod. Ich glaube, dass Geborenwerden und Sterben ähnliche Erfahrungen sind. Geburt ist wie ein Kampf um Leben und Tod, wird vielleicht von Todesangst begleitet, von Angst vor dem Neuen und Unbekannten. Von dieser Urerfahrung ist das Gesicht des Neugeborenen ebenso gezeichnet wie das Gesicht des alten Menschen, der dem Tod nah ist.«

In *Das offene Geheimnis* werden Fotos von Neugeborenen neben den Bildern von sehr alten, kranken Menschen abgedruckt. Eine höchst eindrucksvolle Gegenüberstellung. Man kann gar nicht anders, als zu denken: Die einen kommen von einem fernen Ort, die anderen kehren dorthin zurück.

Walter Schels ist ein Spezialist für Gesichter, auch dafür,

wie sich Menschen bemühen, zumeist unbewusst, ihr wahres Gesicht zu verstellen. Auch da gibt es eine Gemeinsamkeit zwischen sehr Jungen und sehr Alten, sagt Schels: »Ihre Gesichter sind pur, ohne jedes Manöver, ohne Projektion. Es gibt keine Scham, keine Eitelkeit, keinen Willen, gefallen zu wollen.« Schels sagt, er würde diese kleinen Wesen kurz nach der Geburt gerne interviewen. Er wäre schrecklich neugierig, was sie zu erzählen hätten. Das Vergessen setzt dann anscheinend ziemlich rasch ein, schon nach wenigen Stunden werden die Gesichter gelöster, glatter, friedlicher. Schels schreibt: »Warum vergessen wir, was wir wussten, bevor wir auf die Welt kamen? In der jüdischen Überlieferung heißt es, dass ein Engel dem Kind einen Nasenstüber versetzt, damit es ohne Erinnerungen auf die Welt kommt. Die Spalte zwischen Nase und Mund sei davon geblieben.«

Ich frage ihn am Telefon, ob ich mit ihm über seine Arbeit sprechen kann. Klar, sagt Schels, gerne, natürlich. Es werde nur in nächster Zeit nicht ganz einfach sein, einen Termin zu finden, denn er sei gerade sehr intensiv mit einem neuen Projekt beschäftigt. Er fotografiert Menschen, die sterben. Eine Reporterin vom *Spiegel*, Beate Lakotta, führt Gespräche mit den Leuten, die oft nur noch ein paar Tage zu leben haben. Eine erste, höchst eindrucksvolle Reportage von den beiden ist im Sommer 2003 im *Spiegel* erschienen. Darin wird beschrieben, wie ein Mann seinen letzten Koffer packt und viel zu viel mitnimmt: Computer, Lampen, Bilder. Sogar seinen alten Fernsehsessel möchte er in das Hospiz schaffen lassen. Ein anderer Mann unterzeichnet in seinem Hospizzimmer den Kaufvertrag für eine Schrankwand. Ein paar Stunden später ist er tot. Eine Schwester sagt in diesem Text: »Loslassen ist schwer. Das schafft nicht jeder.« Eine andere Schwester sagt: »Am Anfang habe ich gedacht, ich hätte gelernt, mit Tod und Sterben umzugehen. Aber dann ist eine Kollegin tödlich verunglückt, und wir alle sind in ein tiefes Loch gefallen. Man denkt, man härtet ab, aber das Gegenteil ist der Fall.«

Alltag mit den Toten. Schels sagt beim ersten Gespräch am Telefon, er sei derzeit jeden Tag auf Abruf, »mein Handy ist immer an«. Wenn es einem »unserer Leute« plötzlich dramatisch schlechter gehe oder wenn einer sterbe, »dann muss ich los, fotografieren. Das ist jetzt schon seit Monaten so. Mein Leben ist zurzeit sehr anstrengend.«

Und er sagt noch etwas mit seiner freundlich klingenden Stimme: Er beschäftige sich ja nun schon länger mit dem Thema Tod, aber seit einiger Zeit merke er, dass sich in der öffentlichen Wahrnehmung etwas verändert habe, »plötzlich wollen viele Leute von mir wissen, was ich mache, was ich sehe. Früher interessierte das keinen. Kann es sein, dass der Tod auf einmal Konjunktur hat?«

Ich erinnere mich, wie es mir immer gegangen ist, wenn ich meinen Vater, später dann meine Mutter auf Intensivstationen besuchen musste. Wie quälend dieser Weg ist, die langen Klinikgänge entlang, man will da nicht hin, alles sträubt sich, als würde man gegen einen starken Sturm anmarschieren. Ich habe mir auf diesen Wegen geschworen, mir diese peinigenden Gefühle einzuprägen, für später. Wenn ich im normalen Alltag etwas Unangenehmes machen muss, etwa einen Vortrag halten oder ein bevorstehender Zahnarzttermin, erinnere ich mich daran und frage mich: Was ist das im Vergleich zu diesem Klinikhorror?

Schließlich das Anziehen der sterilen Kleidung. Nie wusste man, was auf einen wartet. Die Suche nach einem zuständigen Arzt. Die bange Frage: Wie geht es ihm, wie geht es ihr? Na ja, da ist leider ein Problem aufgetaucht. Oder, besser: Die Situation ist im Grunde wie in den vergangenen

Tagen. Wir müssen abwarten. Der Mensch, den man liebt, hängt an Schläuchen, ist oft nicht bei Bewusstsein. Und wenn, häufig verwirrt, zornig: Hol mich hier raus, bitte, sofort, ich ertrage das nicht mehr, keinen Tag, keine Stunde. Nein, hört man sich dann sagen, nein, du musst vernünftig sein, du musst hier bleiben.

Irgendwann sitzt man dann auf dem Krankenhausparkplatz in seinem Auto. Man macht das Radio an und erträgt nichts außer nüchternen Nachrichten. Das Schlimmste ist dieser aufgesetzte Fröhlichkeitslärm, der einen senderübergreifend peinigt. Überall dieses laute Geschrei der Heiterkeit. Es ist natürlich nicht lustig, nicht heiter. Normalerweise steht man das bis zum nächsten Musikstück durch. Immer, wenn ich um einen Menschen Angst hatte oder wenn ich trauerte, war ich empfindlicher. Ich hatte die schmerzliche Gewissheit einer zweigeteilten Welt: Hier schreien die Gesunden und Lebenden derart laut und falsch, damit bloß niemand die Kranken und Trauernden hört. In solchen Momenten glaubte ich, die Welt der Kranken sei die bessere, intensivere. Wenn diese Situationen vorbei waren, schleicht man aber, wie vom Magneten angezogen, wieder zu den anderen, zu den Profis des Vergessens, des Verdrängens.

Einer meiner Freunde musste wegen psychischer Probleme für eine längere Zeit in eine Klinik. Er freundete sich mit einigen Mitpatienten an. In einer Besprechung sagte er seinem Arzt, er sei davon überzeugt, dass ihn diese Kontakte ein Leben lang begleiten würden. Der Arzt widersprach, nein, keine dieser Beziehungen werde von Dauer sein, sie würden sogar abrupt abreißen – und genau dies sei ein gutes Zeichen, ein Zeichen für das Gesunden. Der Doktor behielt Recht. Der Freund kennt heute niemanden mehr von damals.

Wie viel Tod verträgt das Leben? Walter Schels, der Fotograf, wird später sagen: »Wir wissen, dass wir sterben, aber wir glauben es nicht. Das ist der Kern.« Doch manche Ereignisse führen dazu, dass wir an den Tod glauben müssen.

Vor einiger Zeit lief im Fernsehen eine Dokumentation über die Opfer eines Berliner Banküberfalls. Die Angestellten wurden als Geiseln genommen, am Ende passierte ihnen nichts, sie blieben alle körperlich unversehrt. Die Räuber traten ruppig auf, brutal, die Geiseln lebten einen Tag lang in Todesangst. Die Fernsehjournalisten suchten die Männer und Frauen danach über eine längere Zeit auf – und machten eine erstaunliche Entdeckung: Das Leben dieser Leute hatte sich von Grund auf geändert. Die meisten trennten sich von ihrem Partner, der Familie, gingen zu einem Therapeuten, wechselten den Beruf. Alle erklärten das damit, dass sie erfahren mussten, dass plötzlich alles vorbei sein kann, das ganze Leben. Eigentlich eine Binsenweisheit. Aber dies reichte aus, um den Alltag zu revolutionieren. Nichts ist mehr, wie es war.

Heute sagt man, jemand habe einen schönen Tod gehabt, wenn er stirbt, ohne es zu merken. Wenn er abends einschläft und morgens tot ist. Wenn man den Tod nicht bemerkt: Mehr als achtzig Prozent der Deutschen finden, ja, so wäre es schön, so möchte ich sterben. Früher war das anders. Bis ins zwanzigste Jahrhundert hinein lautete die Definition eines schönen Todes: Man stirbt bei möglichst vollem Bewusstsein, man kann sich verabschieden, Bilanz ziehen, sich und anderen Rechenschaft ablegen. Noch im späten Mittelalter beispielsweise galt der plötzliche Tod, etwa durch einen Unfall, als Gottes Strafe. Dieser arme Mensch wurde bewusstlos abberufen.

Der französische Historiker Philippe Ariès hat in seiner

Geschichte des Todes beschrieben, wie die sich ständig wandelnden Beziehungen der Menschen zum Tod durch die Jahrhunderte die Kultur und den Alltag geprägt haben. So verspottete etwa die Gesellschaft des siebzehnten Jahrhunderts all diejenigen, die den Tod nicht wahrhaben wollten und sich allzu sehr an das Leben klammerten. Sich den Vorankündigungen des Todes zu verweigern, hieß, sich der Lächerlichkeit auszusetzen. Sogar der verstiegene Don Quijote versucht in den Träumen, in denen er von seinem Leben fantasiert, durchaus nicht, dem Tod zu entfliehen. Im Gegenteil: Die Vorzeichen des Todes bringen ihn am Ende zur Vernunft.

Es hat immer wieder Phasen gegeben, in denen der Tod als besonders erschreckend, bedrückend empfunden wird. Dies wird immer dann vermerkt, wenn Zeiten von großer Lebensfreude angebrochen sind, zum Beispiel im sehr intensiven Hochmittelalter. Damals war der Tod eine Warnung: Lebt so gut, wie ihr könnt, bevor euch der Tod holt! Doch auch in solchen Perioden wurde der Tod nicht verleugnet, er gehörte zum Alltag.

Philippe Ariès stellt in den vergangenen knapp dreitausend Jahren, von Homer bis Tolstoi, eine starke Ähnlichkeit im Umgang mit dem Tod fest: »In einer von Veränderung geprägten Welt bietet die traditionelle Einstellung zum Tode den Eindruck eines Walles von Trägheit und Kontinuität.« Und das hat sowohl die Beziehung zum Tod als auch die Beerdigungs- und Trauerriten beeinflusst.

Doch das ist vorbei. Der große Bruch hat in der Jetztzeit stattgefunden. Ariès spricht von einer Gesellschaft, die versucht, den Tod abzuschaffen. Aber dies geschieht nicht offensiv, man versucht, den Tod einfach zu leugnen. Die Menschen werden zum Sterben in Krankenhäuser oder Heime abgeschoben.

Mein Vater ist auch in der Klinik gestorben. Es ging nicht anders. Zwei Tage vorher mussten wir den Notarzt rufen, der bestellte gleich einen Rettungswagen. Als mein Vater starb, war ich bei ihm. Wir beide waren allein im Zimmer. Er ist gewissermaßen erstickt, aber es war nicht so schlimm, wie man sich das vorstellt. Ein Arzt kam rein und sagte, sie hätten versucht, ihm mit Medikamenten den Todeskampf zu erleichtern. Draußen schneite es. Wegen des plötzlichen Wintereinbruchs dauerte es eine Stunde, bis der Rest der Familie kam. Ich saß und stand an seinem Bett. Eine freundliche Schwester kam ins Zimmer und ging wieder. Ich versuchte zu reden, aber es ist merkwürdig, wenn man weiß, dass der andere nicht antworten wird. Ich erinnere mich noch daran, dass ein kleines, braunes Kreuz an der Wand des Zimmers hing. Auch in diese Richtung habe ich ein paar Worte gesagt.

Zurück zu den Thesen von Philippe Ariès: Die jahrhundertealte Tradition des oft tagelangen Abschiednehmens gibt es nicht mehr. Der Tod war immer eine öffentliche Angelegenheit, schreibt er. Doch nun hat die Gesellschaft den Tod ausgebürgert. So wird in den Großstädten durch nichts mehr klar, dass jemand gestorben ist, selbst der schwarz-silberne Leichenwagen von einst ist zur unscheinbaren grauen Limousine geworden, die im Straßenverkehr kaum noch auffällt. Ariès schreibt: »Die Gesellschaft legt keine Pause mehr ein. Das Verschwinden Einzelner unterbricht nicht mehr ihren Gang. Das Leben der Großstadt wirkt so, als ob niemand mehr stürbe.« Oder die Sache mit der Trauerkleidung: Früher war es üblich, dass Menschen oft monatelang nach einem Todesfall in der engen Verwandtschaft Schwarz trugen. Heute wundert man sich schon am dritten Tag: Was, immer noch in Schwarz?

Man hat die Trauer zu einer Krankheit erklärt. Eine Öffentlichkeit blickt die Hinterbliebenen an und hofft, dass die Trauer möglichst schnell vorbeigeht. Eigentlich muss das Folgen haben, denn es gibt wohl keinen einzigen Psychologen, der nicht die existenzielle Wichtigkeit von gelebter Trauer betont: Trauer als Kraftquelle, als Reinigungsbad.

Ariès schreibt, der Mensch hat über all die Jahrhunderte versucht, den Tod irgendwie zu zähmen, also Wege zu suchen, die einen die Tatsache ertragen lassen, dass der letzte Tag kommt. Der Historiker behauptet nun, dass der Tod noch nie derart ungezähmt gewesen war wie in unserer modernen Welt. Denn die Gesellschaft lässt ihre Menschen mit dem Tod allein, ausgerechnet in dem Moment, in dem nichts nötiger ist als kollektiver Trost und das Bewusstsein eines gemeinschaftlichen Schicksals.

Warum sind wir so labil, warum drücken wir uns vor jeder Auseinandersetzung? Sicher spielt dabei eine wichtige Rolle, dass wir modernen Menschen letztlich mit dem Credo leben, wir könnten jedes Problem lösen. Wir können kämpfen, siegen, verlieren, neu anfangen, aber einfach nur annehmen?

Philippe Ariès hat noch eine andere Begründung gefunden: Es sei ein Auftrag dieser Zeit, Träume zu haben, sich Ziele zu setzen. Dies beinhalte geradezu das Scheitern, das Eingeständnis von Versagen. Vielleicht erträgt diese Gesellschaft auch deshalb den Tod nicht, weil er eine Art Zielhäuschen ist, in dem Rechenschaft abgelegt wird über die eigenen Werte.

Auch die Diskussion über das humane Sterben nennt Ariès geradezu absurd. Man versucht, schreibt er, eine Methode zu perfektionieren, um den Menschen zu versprechen, der Tod sei gar nicht schlimm, man werde ihn gar nicht spüren.

Ein grauer Märztag 2004. Hamburg, Stadtteil Eimsbüttel, ein unscheinbares Hinterhaus. Hier hat Walter Schels sein Studio. Am Telefon hat er gesagt, es täte ihm Leid, er habe nicht viel Zeit, aber ich solle halt vorbeikommen.

Er öffnet die Tür. Schels ist neunundsechzig Jahre alt, er trägt Jeans, ein kariertes Hemd, einen Pullover darüber. Er hat eine Ponyfrisur, die längeren Haare fallen ins Gesicht wie bei den jungen Beatles. Sein Gesicht ist das, was man markant nennt: lange Nase, große Ohren. Ein Gesicht wie von einer spitzen Eule. Oder von einem Habicht?

Was ich von dem Studio sehe, ist ein einziger Raum, vielleicht sechzig, siebzig Quadratmeter. An der Wand hängt ein Porträt von ihm, Schels mit roter Nase als trauriger Clown. Am Boden liegen überall Fotos, die allermeisten sind schwarz-weiß. Wir setzen uns an einen Tisch. Er fragt, was ich denn nun genau von ihm wissen wolle. Warum ich mich mit dem Thema Tod beschäftige. Er holt einen Block, macht sich Notizen. Ich erzähle, was genau mir nahe gegangen ist, als damals mein Vater starb. Und dann frage ich ihn nach dem schlimmen Ereignis vor vielen Jahren im Berliner Zoo.

Er sollte zwei Pandabären für eine Zeitschrift fotografieren und wandte sich an einen Wärter, wie er das am besten bewerkstelligen könne. Der antwortete: »Gehen Sie einfach rein in den Käfig, die haben gerade gefressen und schlafen jetzt.« Diese Information war falsch, die Fütterung hatte sich aus irgendwelchen Gründen verzögert. Schels betrat den Käfig, und einer der Bären griff ihn an, fügte ihm schwerste Bissverletzungen zu, im wohl letzten Moment konnte ein herbeistürmender Wärter das Tier vertreiben. Schels lag monatelang in einer Berliner Klinik. Ein paar Spuren sind davon geblieben: An jeder Hand fehlt ihm ein Finger.

Hat dieses Erlebnis, diese eigene Nähe zum Tod, auch dazu beigetragen, dass er sich dafür so interessiert? Nein, gar nicht, antwortet er, er habe damals keine Todesangst gehabt, das sei alles viel zu schnell gegangen. Nein, aber er trage ein anderes Trauma mit sich herum, seit vielen Jahren. Als kleines Kind habe er in den letzten Kriegstagen Bombenangriffe erlebt – und Leichen, viele Leichen gesehen. »Ich bin die Gesichter dieser Leichen nie wieder richtig losgeworden. Ich habe mich immer mit dem Tod beschäftigt, aber Leichen konnte ich nie ertragen. Sie machten mir wahnsinnige Angst. Bei mir hatte sich über die Jahre eine regelrechte Angstneurose entwickelt.«

Hat er sich auch deshalb dieses Projekt ausgesucht? Die Fotos davon liegen auf dem Boden: Bilderpaare, ein Mensch wenige Tage vor seinem Tod, und dann ein paar Stunden, nachdem er gestorben war. Alte, Junge, ein Baby, Frauen, Männer, eine Frau nach einer Chemotherapie, keine Haare mehr auf dem Kopf. Ein ängstlich blickender Mann, ein anderer wirkt fast entspannt, wie in Trance. Die Kriegsbilder in seinem Kopf seien möglicherweise ein Grund gewesen, sagt er, »ich wollte diese Neurose loswerden. Ich finde, ein Mann in meinem Alter muss das mal angehen.«

Kann er jetzt Leichen ertragen? »Ja, es ist besser geworden. Ich fürchte mich nicht mehr vor ihnen in der Dunkelkammer. Am Anfang war das schlimm.«

Ich frage ihn, warum er sich mit dem Tod beschäftige. Schels antwortet schnell, stockt dann aber immer wieder. Es gehe um Anteilnahme, »alles dreht sich darum, die Kunst, das Leben«. Er sagt es ein paar Mal, dieses Wort, als wäre es ein Schlüssel: Anteilnahme. Er redet von Schuberts Musik, fragt sich, warum er diese Musik geschrieben habe. »Weil er seine Gefühle ausdrücken wollte. Warum liebe ich diese Musik?« Er zögert, hört auf zu sprechen. Für einen Moment reibt er seine Augen. Und plötzlich weint Walter Schels. Es sieht fast wie ein Ausbruch aus, ein Ausbruch der Tränen. Er bekommt einen hochroten Kopf, sein gesamtes Gesicht verzieht sich in lautlosem Schmerz. Nach ein paar Minuten ist es vorbei. Und er entschuldigt sich, »es tut mir Leid, aber ich habe so viel unermessliches Leid gesehen in den letzten Tagen«. Er müsse dabei ja immer arbeiten, »ich bin also extrem konzentriert und kontrolliert. Ich gestatte mir keine Regung, ich darf sie nicht haben. Aber irgendwann muss es anscheinend doch raus.«

Er erzählt von dem Baby, das vor ein paar Tagen gestorben ist. Zwillinge waren es, doch bei einem wurde plötzlich ein bösartiger, schnell wachsender Gehirntumor diagnostiziert. Die Eltern sind Muslime, die ganze Familie war bis zum Tod dabei, »alle haben geschrien und geweint, als das Baby tot war, und ich war mittendrin mit meiner Kamera. Wissen Sie, Fotografieren ist immer schwer, aber in einem solchen Moment ist es geradezu unmenschlich.«

Dann erzählt er von einer Frau, vierzig Jahre alt, die bis zuletzt noch Hoffnung hatte, vielleicht doch zu überleben. Vier Kinder und einen Mann ließ sie zurück, »wir waren bei der Beerdigung und haben mitgeweint… Und am Abend kommen wir nach Hause und machen eine Flasche Wein auf. Verstehen Sie, so ist unser Leben gerade, ja, so ist das.« So ist das – so beendet Schels häufig seine Sätze.

Einunddreißig Menschen haben sie bislang begleitet, er und Beate Lakotta, seine Lebensgefährtin. Die meisten der Todkranken lernten sie in Hospizen in Hamburg und Berlin kennen. Als sie sie ansprachen, ob sie in ihrem Projekt mitmachen würden, hätten viele gleich zugesagt, sagt Schels. Seine großartigen Fotos und ihre beeindruckenden Texte erschienen im vergangenen Herbst als Buch.

Walter Schels sagt: »Wir Menschen sitzen alle im selben

Boot. Manchmal frage ich mich, warum das so schwer ist zu begreifen.« Er sagt dies und zögert, als möchte er diese Worte wieder zurückholen. Weil: zu kitschig, zu schwülstig, zu soft. Als sei Sentimentalität das falsche Instrument, um sich dem Tod zu nähern.

Er sagt, er mache sich Gedanken, warum er weine über Menschen, die er ja kaum kenne, »nur weil sie tot sind«. Wenn er denselben Menschen an der Supermarktkasse oder in einer Behörde begegne, würden sie ihn nerven, weil er sich hinter ihnen anstellen müsse. »Warum weine ich über sie? Beweine ich in Wahrheit mich? Das Leben?«

Walter Schels sagt, die meisten Menschen würden sehr mittelmäßig sterben, »so wie sie gelebt haben. Sie beschäftigen sich fast ausschließlich mit der Frage: Was habe ich versäumt? Warum ist das alles so geschehen? Wenn man sich darüber mit ihnen unterhält, sind das oft quälende Gespräche. Ja, und da ist noch eine Frage, die vielleicht allerwichtigste: Habe ich geliebt? Bin ich geliebt worden? Auf diese Frage läuft letztlich alles hinaus, so ist das.« Mit »mittelmäßig« meint er wohl: Wie kann man sich diese Fragen nur so spät stellen?

Der Tod und Walter Schels. Ist er damit weitergekommen? Gibt es so etwas wie ein Fazit, wenigstens ein Zwischenfazit? Er sagt, er habe viele Religionen studiert, viel gelesen, viel gesehen. »Dabei war mir immer klar, dass ich nicht an Gott glaube. Ob ich weitergekommen bin?«, wiederholt er. »Sie meinen, ob ich glaube, dass es so etwas wie ein Leben nach dem Tod gibt?« Er steht auf. »Ich weiß es nicht.« Er lacht. »Klar, weiß ich es nicht.« Aber er habe einen Verdacht: Nichts sei danach, gar nichts. Er steht jetzt irgendwo am anderen Ende des Raums. »Nix«, ruft er, »gar nix, es ist einfach vorbei, einfach aus.« Und genau dies sei am wenigsten zu ertragen, »das hält der Mensch nicht aus«.

Schels sitzt wieder. »Das Traurigste für mich am Tod«, sagt er, »ist das Ende der Hoffnungen, dass die Hoffnungen zwischen den Lebenden und den Toten plötzlich getrennt sind – wohin damit?«

Die Tür geht auf, Beate Lakotta kommt herein, bringt Mineralwasser, setzt sich zu uns. Sie ist Mitte dreißig, hat kurze Haare, trägt eine Brille – eine hübsche Frau. »Beate«, sagt Schels, »er will wissen, wie viel Tod das Leben verträgt?«

»Da sind Sie ja bei uns richtig«, sagt sie. Sie erzählt von ihren Träumen: »Jede zweite Nacht habe ich Lungenkrebs, träume den Krankheitsverlauf in allen Stadien.« Früher, wenn sie auf Partys eingeladen gewesen sei, habe sie sich vorgenommen, nichts von ihrem Projekt zu erzählen, »ich dachte, das ist der sichere Stimmungskiller«. Inzwischen sei das anders, »weil ich merke, die Leute wollen darüber reden. Jeder hat etwas zu erzählen. Da gibt es ein Bedürfnis.«

Ob sie denke, dass sie angesichts des vielen erlebten Leids ihr eigenes Leben vielleicht jetzt konzentrierter und intensiver lebe? »Ich hoffe das. Aber das müssen Sie uns später noch einmal fragen. Wir sind ja noch mittendrin.«

Wird sie mit dem Tod, wenn etwa Angehörige betroffen sind, in Zukunft anders, möglicherweise besser umgehen können? Achselzucken. Schels sagt: »Ich habe früher gedacht, dass man abhärtet, je mehr man erlebt. Aber das stimmt nicht. Man wird eher immer weicher, durchlässiger.«

Irgendwann bringt er mich zur Tür. Er sagt noch, es sei gut, dass sie dieses Projekt bald abschließen müssten, »und der Frühling ist dafür ein guter Zeitpunkt«.

Ich suche unten auf der Straße ein Taxi und denke, ich war acht Jahre alt, als ich zum ersten Mal mit dem Tod in Berührung kam. Meine Mutter war noch einmal schwanger geworden, unser Bruder hätte Markus geheißen. Doch er starb bei der Geburt. Mich hat damals der Schmerz meiner Eltern nicht erreicht. Ich erinnere mich lediglich, dass ich einmal meine Mutter in der Küche weinen sah und irgendwie versuchte, sie zu trösten. Das ist das einzige Bild.

Während des Gesprächs fragte ich Walter Schels, ob er sich vorstellen könne, das Thema Tod loszulassen. Er antwortete schnell: »Ich fürchte, nein.«

Wie schnell muss ich leben?

Kerstin Kohlenberg fährt zu dem Astronauten Thomas Reiter

Hast du Lust, heute Abend zum Essen vorbeizukommen? Hatte ich und saß einige Stunden später am langen Holztisch eines Bekannten. Die Wohnung war groß und warm, es roch nach Braten, und in den Ecken des Wohnzimmers drückten sich neugierig die beiden Kinder des Bekannten in langen rosa Schlafkleidchen herum. Das war gemütlich, und ich musste an Weihnachten bei meinen Eltern denken, als ich acht oder neun war und meine Schwester und ich diese Nachthemden geschenkt bekamen mit den rosa Elefanten drauf. Die hatte meine Mutter bei *Brigitte* bestellt. Wir waren so glücklich, dass wir die Elefantenhemden sofort anzogen und auf den Fotos nun für immer und ewig so aussehen, als seien wir beide krank gewesen und nur zum Essen aus dem Bett gekommen. Und in diesem Moment wünschte ich mir, heute Abend die Gastgeberin zu sein, ohne jeden Zweifel, mit allen Pflichten und Sicherheiten.

Später, als ich wieder zu Hause war, machte ich den Fernseher noch kurz an. *Nichts bereuen* von Benjamin Quabeck lief. Es wurde geraucht, gesoffen, unglücklich geliebt. Alle kurvten in ihren Leben herum wie Autoskooter auf der Kirmes. Sie rempelten sich immer wieder an und flogen danach nur umso schneller auseinander. Das machten sie so lange, bis sie in jeder Oktave gekreischt hatten und irgendwann die Zeit um war, und manchmal standen dann durch Zufall zwei Skooter direkt nebeneinander – eine lange Weile, in der es plötzlich ruhig war, bevor das Gerempel wieder losging.

Ich überlegte, ob ich meine Nachbarin um eine Zigarette anschnorren sollte, ein bisschen betrunken war ich ja sowieso schon. Und irgendwie war ich in dem Moment froh, dass auch mein Leben sich mit so einer Autoskooterfahrt vergleichen ließ, dass es immer wieder aufs Neue begann. Verdrängt hatte ich allerdings, dass der Film ein Jugendfilm war, die Figuren alle achtzehn Jahre alt.

Wie kann das sein, dass man mit vierunddreißig das Leben einer Kleinfamilie nett findet und in null Komma nichts wieder zu einer pubertierenden Achtzehnjährigen wird, die sich in allem so schön fremd fühlt? Die will, dass der Wind so stark in ihre Nasenlöcher drückt und sie keine Luft mehr kriegt? Zwei unterschiedliche Leben in einem – hat das etwas damit zu tun, dass man sich von den vielen Optionen in dieser so genannten Multioptionsgesellschaft gar nicht mehr losmachen kann? Dabei hat man doch genau darunter so lange gelitten. Hat man sich womöglich an das Spiel gewöhnt? Müssen wir in Zukunft also mit zwei Geschwindigkeiten zurechtkommen? Mit einer, die uns die Moderne vorgibt und die durch den Zeitgeist in Werbung, Kino, Fernsehen angetrieben wird – eine Geschwindigkeit, die einen aus allen sozialen Zusammenhängen reißt, die einen auf nichts als auf einen selbst zurückwirft. Und bei der man aufpassen muss, dass man bei dem Tempo nicht aus der Kurve fliegt. Und mit einer zweiten, viel langsameren Geschwindigkeit, die man braucht, um die Verkehrsschilder lesen zu können, um sich zu orientieren, um Dinge zu verstehen. Um sich in seinen kulturellen und historischen Bindungen zu erkennen und soziale Zusammenhänge aufzubauen. Denn zur Orientierung ist ein Bezug zu Raum und Zeit nötig. Er schafft eine feste Basis, allerdings nur mit eingeschränkten Handlungsmöglichkeiten. Ebenjenen, die in dem Koordinatensystem aus Zeit und Raum einen Sinn ergeben. Das führt natürlich zu Begrenzungen, aus denen wir uns seit Jahrzehnten herausarbeiten. Indem wir uns nicht mehr über den Raum oder die Zeit orientieren, sondern ganz allein den Sinn in uns selbst suchen. Und schon sind wir wieder bei der ersten, atemlosen Geschwindigkeit mit ihren unbegrenzten Möglichkeiten. Wie schnell sollen wir also leben?

Ein Leben mit zwei Geschwindigkeiten – besonders in der Liebe versuchen wir, diese beiden Geschwindigkeiten parallel zu leben. Das ist eines der Ergebnisse der Untersuchung *Der Konsum der Romantik. Liebe und die kulturellen Widersprüche des Kapitalismus* der israelischen Soziologin Eva Illouz. Sie hat fünfzig Amerikanerinnen und Amerikaner zu ihrem Liebesleben befragt. Dabei legte sie ihr besonderes Augenmerk auf die Art und Weise, wie sich die Bedeutung von Liebe mit derjenigen von Konsum vermengt hat. Wie sich Kapitalismus und Konsumkultur in die Vorstellungen und Praktiken einer romantischen Liebe eingeschlichen haben.

»Der Aufstieg der Konsumgesellschaft fiel in die Zeit zwischen den beiden Weltkriegen, als das Ich sowohl Ort als auch Fokus der Kultur wurde, der Ort, an dem und durch den man die eigene soziale Identität ausübte«, schreibt Illouz. Das romantische Ideal der Liebe steht im Mittelpunkt der Produktwerbung. Die Waren werden romantisiert, und auf diese Weise entsteht eine Verbindung von Liebe und Konsum.

In den Zeitschriften der Arbeiterklasse verbanden die Anzeigen Schönheitsprodukte mit Romantik: »Kann eine Frau die Vorstellung, die ein Mann von ihrer Person hat, verändern? Ein zarter, süßer Duft tat das auf zauberhafte Weise für mich.« (1930) Die Mittelschicht-Zeitschriften, schreibt Illouz, tendierten dazu, ein konservatives, viktorianisches Konsumethos zu vermitteln, das mit den familienorientierten Idealen und Werten in Einklang stand. Deshalb wurden Haushaltsprodukte mit verliebten Paaren in Verbindung gebracht. Als diese Magazine allmählich den bunten und unterhaltsameren Stil der Zeitungen der Arbeiterklasse übernahmen, aus dem schon die ganze Sehnsucht des Konsums sprach, stieg die Zahl der Anzeigen, die das Vergnügen, das Abenteuer, die Exotik und intensive Erfahrungen propagierten, stark an.

Am Ende des Jahrhunderts heißt es dann in einer Hennessy-Werbung: »Wenn Sie schon mal geküsst worden sind, dann kennen Sie das Gefühl von Hennessy bereits.« Die Liebe wird uns als intensives Gefühl, uneingeschränkte Sinnlichkeit, sofortige Belohnung, spontanes Vergnügen in einem sehr ästhetischen Umfeld fern des Alltags angeboten.

Das hat eine ziemlich verdrehte Wahrnehmung von der Liebe erzeugt. Um das deutlich zu machen, gab Illouz den Versuchspersonen ihrer Studie drei Geschichten einer Eheschließung. Die eine ist eine Geschichte von der Liebe auf den ersten Blick mit anschließender, direkter Heirat. Die zweite erzählt von einem Paar, das sich langsam kennen und mögen lernt und beschließt zu heiraten. Und in der dritten geht es um eine wohl überlegte Heirat, die Ehe wird geschlossen, als beide beruflich die gewünschte Position haben. Alle Versuchspersonen hielten die erste Geschichte für ein Märchen, eine Hollywoodfantasie, die nur auf sexueller Anziehung beruhe und ein unzureichender und sogar gefährlicher Grund sei, eine Ehe einzugehen. Man könnte auch sagen, das Kennenlernen geschah mit einer zu hohen Geschwindigkeit, um das Gesicht der Person genau zu sehen. Auf die Frage, welche Variante ihnen am besten gefallen habe, nannten nahezu alle Probanden die erste. Dieselben, die diese Geschichte zuvor als stereotyp und unwirklich bezeichnet hatten, gaben ihr jetzt Attribute wie »faszinierend«, »die leidenschaftlichste«, »die mit dem meisten Spaß«. Und nach ihrer eigenen, denkwürdigsten Liebesgeschichte befragt, berichteten die Personen immer wieder von Erfahrungen aus ihrem eigenen Leben, die dem Muster der ersten Geschichte entsprachen. Nur drei der fünfzig Befragten erzählten von ihrer aktuellen Beziehung.

Die Liebe und die Geschwindigkeit – schon die Sprache sagt alles: bis dass der Tod euch scheidet, ewig dein, Langzeitbeziehung – Langeweile? Dagegen Quickie, One-Night-Stand, Affäre – Abenteuer?

Illouz berichtet in ihrer Studie auch von einer verheirateten Künstlerin, die ihr Folgendes erzählte: »In dem Konzert saß ich in der Nähe eines Mannes – ich mochte einfach diese Energie, und jedes Mal, wenn ich zu ihm hinblickte, versetzte mich das in eine Art Erregung, und er blickte zu mir hin und lächelte, und ich lächelte zurück und – ich erinnere mich, ich hatte eine ziemlich gute Zeit. Ich stand auf und tanzte mit meiner Freundin Nancy und dachte dauernd daran, soll ich rübergehen und ihn ansprechen? Ich tat es nicht. Als wir gingen, gab er mir seine Karte. Ich kann mich nicht einmal mehr erinnern, ob er irgendetwas gesagt hat. Und ein paar Tage später rief ich ihn an, und wir unterhielten uns. Ich besuchte ihn in seinem Apartment, und ich fühlte mich ganz fürchterlich zu ihm hingezogen.« Die Affäre dauerte einen Sommer, sie war »ein richtiges Abenteuer«. Die Beziehung zu ihrem Mann beschrieb die Künstlerin als stabil, weder intensiv noch aufregend.

Routine und Drama, Behaglichkeit und Lust, Abbremsen

und Beschleunigen, das sind die beiden Pole, zwischen denen wir hin und her pendeln, um für kurze Zeit unser optimales Wohlbefinden zu arrangieren.

Wir haben das Ideal der romantischen Liebe in kurze Videoclips zersägt, die wir uns anschauen, bevor wir mit einem dicken Schmöker ins Bett gehen. Die große Angst dabei ist, dass wir den dicken Schmöker irgendwann nicht mehr ertragen, darüber immer wieder einschlafen, bis wir ihn nicht mehr zur Hand nehmen. Und dass uns dann die gleichen Symptome befallen wie bei einer permanenten Beschleunigung: Ohrensausen, Sehstörungen, Verlust des Bewusstseins.

Wie schnell können wir also noch werden? Ich fahre nach Bremen zur European Space Agency und treffe mich mit Thomas Reiter, einem Mann, der mit allen Geschwindigkeiten gewaschen ist. Ein Mann ohne Angst. Reiter ist fünfundvierzig Jahre alt, ein halbes davon hat er im Weltraum verbracht. Das ist jetzt neun Jahre her, und er sagt, dass er die ganzen Eindrücke von da oben immer noch nicht verarbeitet hat. Wenn Reiter von seinem Flug zur russischen Raumstation MIR erzählt, dann ist schnell klar, dass er das Aufregendste war, was ihm in seinem Leben bislang passiert ist.

Auf der Erde in Bremen schneit es. Und dennoch öffnet er als Erstes, nachdem er mich vom Empfang abgeholt hat, das Fenster in seinem Zimmer. Das Zimmer ist schmal, karg, nur das Modell des Forschungslabors, an dem auch Reiter mitarbeitet und mit dem er im nächsten Jahr zur internationalen Raumstation ISS fliegen soll, hängt an der Wand. »Geschwindigkeit«, sagt Reiter, »die kann man gar nicht fühlen.« In konstanter Geschwindigkeit in einem Jet über die Erde zu fliegen, das sei wie angebunden auf einem Stuhl auf der Erde zu sitzen. Der Körper hat keinen Sensor für Geschwindigkeit, er kann nur Beschleunigung und Verzögerung wahrnehmen. Das Gleichgewichtsorgan und die Muskeln, die uns Aufschluss über unsere Lage im Raum geben, reagieren erst dann. Im engen Kurvenflug eines Jets zum Beispiel, da wirkt ein Vielfaches der Erdbeschleunigung auf den Körper, erklärt Reiter, oder eben in den neun Minuten, wenn eine Rakete in den Weltraum startet.

Wenn es stimmt, dass wir im Leben und der Liebe am glücklichsten sind, wenn wir unser Tempo verändern, kann das dann etwas damit zu tun haben, dass unser Körper keinen Sensor für konstante Geschwindigkeiten hat? Dass wir uns selbst erst dann sicher sein können, wenn wir uns spüren? Und müssen wir uns dazu kurzfristig aus dem Gleichgewicht bringen?

Vielleicht ist das schon die erste Veränderung in einem Leben mit zwei Geschwindigkeiten. Nicht mehr Geborgenheit ist das Synonym für Glück, sondern es ist die Veränderung.

Und die fühlt sich in einer Rakete folgendermaßen an: Die Beschleunigung im ersten Moment des Starts, sagt Reiter, die merke man eigentlich kaum. Das sei ein Gefühl, als stünde man im Aufzug. Dann wird die erste Stufe abgetrennt und die zweite gezündet und später dann die dritte. In weniger als zwei Minuten hat man die siebenfache Schallgeschwindigkeit erreicht und ist in achtundvierzig Kilometern Höhe. Die Beschleunigung nimmt mit jeder Phase zu, bis die Umlaufbahn der Erde erreicht ist. Im Cockpit eines Jets verformen sich im engen Kurvenflug das Gesicht und die inneren Organe, das Blut sackt in die Beine ab, der Blutdruck im Kopf sinkt. Je niedriger der Blutdruck ist, desto eingeschränkter wird das Sichtfeld, als hätte man Scheuklappen auf. Bei enormen Beschleunigungen kann das bis zur Bewusstlosigkeit führen. Neunzehn G, das sind neunzehnmal die Erdanziehung, wirken auf einen, wenn man sich zum Beispiel mit dem Schleudersitz aus dem Cockpit katapultieren lässt, das halte man gerade noch so aus, sagt Reiter. In der Rakete seien es beim Start in der Regel nur so um die dreieinhalb G, die auf einen wirkten.

Er erzählt das wie ein Wissenschaftler, langsam, ruhig und kontrolliert. Thomas Reiter ist alles andere als ein Tom-Cruise-Top-Gun-Typ, einer, der es vielleicht des Kicks wegen macht. Er trägt einen Strickpullover mit blassem, geometrischem Muster und einen akkuraten Männerhaarschnitt. Und dennoch sagt Reiter, dass diese Art von Geschwindigkeit süchtig machen kann. Wie meint er das?

Thomas Reiter ist mit der Erinnerung an die erste lange Fernsehnacht in Farbe groß geworden, in der er die Mondlandung sehen durfte. Das Ganze fand bei den Nachbarn statt, weil sie die Einzigen in der näheren Umgebung waren, die 1969 einen Farbfernseher hatten. Er schrieb am Tag darauf einen Brief an Neil Armstrong, den ersten Menschen auf dem Mond, mit der Bitte, ihm ein Emblem der Mondmission zu schicken. Darauf wartet er heute noch, aber das Fernweh ist geblieben.

Neue Dinge entdecken zu wollen, das ist für Reiter ein Teil der menschlichen Entwicklungsgeschichte: »Man kommt nicht weiter, wenn man auf seinem Baum sitzen bleibt und sagt: Mensch, hier gibt es doch noch genug Bananen.«

Mittlerweile ist Thomas Reiter verheiratet und hat zwei kleine Söhne. In seinem Aktenkoffer auf dem Fensterbrett in Bremen liegt ein Kinderbuch über die Suche nach Atlantis. Über die Suche, nicht über den Untergang, natürlich. Ohne seine Familie, sagt Thomas Reiter, könne er sich seine Suche im Weltraum allerdings nicht vorstellen. Denn seine Familie sei seine Heimat, und ohne das Wissen darüber, wo das Zuhause sei, solle man nicht auf große Reisen gehen. Seine beiden Geschwindigkeiten – für ihn scheint das ganz selbstverständlich zu sein.

Und dennoch verändert sich im All das Verhältnis zur Heimat. Plötzlich ist man nicht mehr Bestandteil des Ganzen, sondern guckt auf die Erde drauf, ist sozusagen »außer sich«. Viele Astronauten haben nach einem Weltraumspaziergang erzählt, dass sie in diesem Moment religiöse Empfindungen gehabt hätten. An Gott hat Reiter dabei nicht gedacht, das Bild, das er schildert, hat eher etwas Märchenhaftes, wie etwas, das man immer noch nicht richtig für real halten kann. Und das hat unter anderem mit der Kälte zu tun. Die Außentemperatur auf der erdabgewandten Seite der Raumstation beträgt bis zu zweihundert Grad unter null – es ist so kalt, dass das Kondenswasser, das sich im Bereich der Ausstiegsschleuse bildet, gefriert. Als Reiter die Luke nach außen öffnete, sprangen tausende kleiner Eiskristalle ab und flogen wie in Zeitlupe ins All. »Das ist ein Glücksgefühl«, sagt er, »das ich von der Erde nicht gekannt habe.«

»Auch nicht im Moment der Geburt Ihrer Söhne?«, will ich von ihm wissen. Das könne man nicht vergleichen, sagt Reiter und sieht fast ein bisschen erschrocken aus. »Weil es einfach nichts gibt, was sich mit dem Austritt in den Weltraum vergleichen lässt«, und dann überlegt er laut, warum das so ist. Vielleicht weil er es selbst erlebt hat. Bei der Geburt seiner Kinder war er eben nur Zuschauer. Aber trotzdem, eigentlich könne man die beiden Dinge nicht miteinander vergleichen.

Sechs Stunden war er damals frei im Weltraum, und dennoch sei die Zeit viel zu kurz gewesen. Sie sei fast vollständig für die Reparatur an der MIR draufgegangen. Er habe versucht, die Eindrücke, so gut es geht, abzuspeichern, aber zum Genießen brauche man Zeit. Man kann nicht simultan erleben und genießen. Wenn man wieder zurück in die Raumstation steigt, guckt man noch einmal kurz raus, denkt: Wahnsinn, und macht die Luke zu. Worte für das, was er da gesehen habe, könnte er keine finden. Deshalb wünsche er sich, dass ein Schriftsteller da oben ist, um diese extreme Erfahrung in passende Worte zu kleiden.

Alle zehn Tage wurden ihm damals die Nachrichtenschlagzeilen in die Raumstation geschickt. Und sie kamen ihm da oben so nichtig vor. »Wenn man keine Grenzen sieht, wenn man von Portugal bis weit hinter Weißrussland in neun Minuten geflogen ist, wenn man ganz Europa mit einem Blick erfassen kann, dann sieht man die Welt mit anderen Augen. Dann gewinnt man den Eindruck, dass die Welt eine Gesamtheit ist und nicht eine Menge von Staaten«, sagt Reiter. Mit einer solchen Perspektive bewerte man auch die Probleme auf der Erde anders. Warum ist das so? Weil man die Welt nur noch als geografische Formation wahrnimmt und kulturelle Unterschiede, Konflikte und Geschichte verschwinden. Als Form ohne Inhalt sozusagen. Es existiert nur, was man sieht, und das ist überwältigend. Und wie bei einem Menschen erkennt man auch hier aus der Entfernung die Falten, die Zeichen der Zeit nicht mehr. Oder nur die allertiefsten. Ein Schlüsselerlebnis, sagt Reiter, sei gewesen, die riesigen Schneisen, die man in den Regenwald von Südamerika getrieben habe, von oben zu sehen. Da wolle man die Erde nur noch beschützen.

Ob der Ausstieg in den Weltraum sein Wahlverhalten auf der Erde verändert habe, frage ich Reiter. Ob er jetzt zum Beispiel die Grünen wähle, wenn er es vorher nicht schon getan habe. Das sei eine andere Sache, antwortet er, und dass es auf der Erde ja wieder ganz andere Perspektiven gebe.

Welche Auswirkungen hat die Geschwindigkeit sonst noch? Thomas Reiter sagt, dass er den Job eines Jetpiloten oder eines Astronauten für einen sehr ehrlichen hält. Ich überlege kurz, was er damit meint, ehrlich. »Dass jeder Fehler für einen selbst fatale Folgen haben kann.« Andere würden das gefährlich nennen.

Reiter erzählt von jenem Tag, an dem plötzlich ein Leck im Kühlkreislauf der MIR auftrat. Das Kühlsystem kühlt unter anderem den Sauerstoffgenerator. Und den braucht man, denn er entzieht der Luft das CO_2 – sonst erstickt man. Das Notsystem wurde in Betrieb genommen, und die Astronauten machten sich auf die Suche nach dem Leck. Die Anspannung wuchs stündlich, denn es gab nur eine begrenzte Zahl an Sauerstoffkartuschen für das Notsystem. »Das war eine große Motivation zurechtzukommen«, sagt Reiter. Ein Hysteriker ist er nicht gerade. Man könnte es auch etwas reißerischer sagen, denn sie hätten nur zwei Tage überleben können. Das Leck war schwer zu finden, da das Wasser in der Schwerelosigkeit nicht nach unten tropft, sondern an den Rohren entlangkriecht und sich über riesige Flächen ausdehnen kann. »Wir mussten die ganzen Wandverkleidungen abmontieren, das war ziemlich aufwändig, aber interessant.« Reiter sagt das mit einer Ruhe, als wäre ihm Angst völlig fremd. Nach einem Tag hatten sie das Leck gefunden. Im normalen Leben, sagt er, lassen einen solche Erfahrungen vielleicht ein bisschen ungeduldig mit den Mitmenschen werden.

Ich verabschiede mich von Thomas Reiter, steige in die Eisenbahn und fahre zurück nach Berlin. Die Landschaft fährt draußen an mir vorbei, und ich überlege, ob es ein Unbehagen an der Geschwindigkeit gibt. Ich muss an eine Redaktionssitzung denken. Wir sprachen über neue Themen, und eine Kollegin sagte ganz vorsichtig, dass sie den Film *Lost in Translation* nicht so einmalig fand, wie er in den Medien beschrieben wurde. Ich erinnerte mich auch nur an eine einzige negative Filmkritik im Radio. Und so begannen wir darüber zu diskutieren, ob wir einen Artikel bringen sollten, in dem es um die Macht der Medien und der Werbeindustrie geht, die ein Produkt in einer Geschwindigkeit hochjubeln können, sodass man kaum mehr Zeit hat, selbst einen Standpunkt zu entwickeln. Wir hatten das Bedürfnis, Sand ins Getriebe zu schmeißen und uns so der Dressur durch die gleichmachende Geschwindigkeit von Technologie und Massenkultur zu entziehen. Egal, ob es den Richtigen oder den Falschen traf.

Was war passiert? Noch vor wenigen Jahren hätte ich völlig anders reagiert. Damals, als wir das Heranwachsen einer neuen Mitte erlebten, zu der auch ich mich dazugehörig fühlte. Ich hatte mir keine Gedanken mehr darüber gemacht, wie Mainstream funktioniert. Denn es machte einfach Spaß, sich Taschen und Brillen als Statussymbole zuzulegen und Werbeslogans auswendig zu können. Immerhin verdiente die Hälfte von uns ihr Geld damit, die Slogans zu erfinden. Ich hatte das Gefühl, ich durchschaute die ganze Konsumkiste, und ich war so originell, sie nicht zu verteufeln, sondern mitzumachen. Der Mainstream, er hatte auch so etwas beruhigend Gemeinsames. Und nach den anstrengenden Jahren der Pubertät und des Erwachsenwerdens war das sehr erholsam. Ich war in dieses Leben hineingeglitten wie in einen warmen Pool. Und da saßen wir alle, zufrieden, platschten mit den Füßen und ließen uns berieseln.

Dieses Unbehagen an der Geschwindigkeit hat, glaube ich, etwas mit dem Anhalten zu tun, damit, dass das Anhalten irgendwann gar nicht mehr so einfach ist. Jeder, der schon einen Urlaub mit dem Auto gemacht hat, weiß das. Man sitzt im Wagen, in bewegungsloser Geschwindigkeit, den Arm auf dem Fensterrahmen, draußen fliegt die Wüste vorbei, im Radio Musik. Ganz überraschend taucht dann rechts eine Abzweigung zu einem Park oder zu einem Ausblick mit Erklärtafel auf, und man überlegt, soll man anhalten, dann müsste man jetzt sofort bremsen, aber es ist gerade so angenehm, so leicht und unanstrengend, und schon ist man vorbei, man kann ja beim nächsten Mal anhalten, aber beim nächsten Mal wird man noch viel träger sein. Die Erinnerung an den Urlaub wird ein lang gezogenes Panoramabild der Wüste sein. Man kann sich an so gut wie keine Einzelheiten mehr erinnern. Aber es ist alles so schön bunt hier.

Ich hole einen Stift und meinen Block aus der Tasche. Der Zug hält in Ludwigslust, fährt wieder an, und neben mir telefoniert ein Mann mit seinem Welthandy. Was ist in meinem Leben eigentlich schnell?, überlege ich. Was ist in unserer Gesellschaft zu schnell oder zu langsam, und was ist überall zu schnell?

Ich mache mir eine Nick-Hornby-mäßige Liste, schreibe »Mein Leben« und darunter:

Zu schnell

* mein Leben, seit ich dreißig bin
* schalte ich den Fernseher ein
* bin ich beleidigt
* habe ich ein schlechtes Gewissen
* bewerte ich Menschen
* ändere ich meine Meinung
* werde ich müde
* werde ich meinen Eltern gegenüber ungeduldig

Zu langsam

* denke ich
* füllt sich mein Bücherschrank auf der Seite der gelesenen Bücher
* entstehen Freundschaften
* fallen mir Anekdoten ein
* fallen mir Namen ein
* schreibe ich
* empfinde ich Mitgefühl
* werde ich müde

* denke ich an mich
* nehme ich Dinge und Menschen für selbstverständlich
* verliere ich Bekannte aus dem Blick
* ist das Espressopulver aus
* vertrocknet das Basilikum
* denke ich, ich sei die Größte
* denke ich, ich sei die Langweiligste
* werde ich rot
* bin ich neidisch
* habe ich Angst vor Hunden
* habe ich Lampenfieber
* habe ich Sehnsucht

Gut, das ist mein Leben. Und was ist überall für jeden immer zu schnell?

Unter »Mein Leben« schreibe ich: »Die Gesellschaft«.

Zu schnell

* der politische Journalismus in Berlin
* die Börse
* die Autos
* lässt sie sich kaufen
* ist sie verführbar
* denkt sie an sich

Zu langsam

* merkt sie, was ihr schadet
* weiß sie, was sie will
* tut sie was dafür
* will sie, dass die Haare der Mädchen kurz sind, und im nächsten Sommer sollen sie schon wieder lang sein

Wie schnell soll ich leben? Ich gucke aus dem Bahnfenster, draußen ist es mittlerweile dunkel, und daher sehe ich mich in der Scheibe. Der Mann mit dem Welthandy hat aufgehört zu telefonieren, einige schlafen, die meisten lesen. Eigentlich ist Bahnfahren für mich einer der glücklichsten Zustände. Ein Zustand der bewegten Bewegungslosigkeit. Vielleicht, weil es die beiden Geschwindigkeiten schnell und langsam so gut miteinander verbindet. Man ist in Bewegung, kommt von einem Interview, von den Eltern, aus einem Urlaub, von einem Freund und ist dennoch bewegungslos gefangen im Waggon. Es gibt keinen Fernseher, und man ist quasi gezwungen zu lesen. Es gibt keine Ablenkung (die überaktiven Kinder und die sich durch Zufall begegneten Freunde kann ich mittlerweile gut hinter den Kulissen verschwinden lassen). Es ist wie ein verkaufsfreier, autofreier Sonntag oder wie Stromausfall.

Über *Lost in Translation* haben wir dann übrigens doch keinen Artikel geschrieben. Der Film über die zwei Geschwindigkeiten. Wir hatten einfach zu wenig daran auszusetzen.

Thomas Reiter wird 2006 wieder in den Weltraum starten. Bis dahin fährt er jeden Abend nach Hause, sieht seine Familie und guckt Hausaufgaben nach. Im Moment, hat er vorhin bei der Verabschiedung in Bremen gesagt, lebe er die Ruhe vor dem Sturm.

Warum sagen wir nie, was wir wirklich meinen?

Stephan Lebert wünscht sich ein Gespräch mit Helmut Dietl

Ich saß in einer Bar in New York und musste plötzlich an Helmut Dietl denken. Genau genommen an einen Satz, den der Münchner Fernsehregisseur einmal in einem Filmporträt über sich gesagt hatte. Und der hat ziemlich viel mit mir zu tun. Dietl wurde gefragt, was denn letztlich sein Impuls gewesen sei, diesen Beruf zu ergreifen. Er antwortete, bei ihm sei das alles ganz zufällig passiert. Er habe als junger Mensch nicht wie andere Kollegen besonders viel im Kino gesessen. Nein, bei ihm gebe es da keinen Auslöser. Der Interviewer insistierte, das könne doch nicht sein, er solle doch noch einmal nachdenken. Und dann sagte der sechzigjährige Dietl fast ein wenig genervt: Na ja, vielleicht gebe es doch etwas. Schon als Kind habe ihn interessiert, warum Menschen so oft das Gegenteil von dem sagen, was sie eigentlich denken. Zum Beispiel sein Onkel Franz… Ja, vielleicht drehe sich seine ganze Arbeit nur um diese Frage.

Ein bemerkenswerter Satz: Warum sagen wir nie, was wir wirklich meinen?

Unmittelbar nach diesem Statement schnitten die Macher des Dietl-Porträts ein paar Szenen aus der Fernsehserie *Monaco Franze* hintereinander. Die Geschichte des Münchner Lebemannes war quotenmäßig einer der größten Erfolge im deutschen Fernsehen. Zu sehen war die Szene, in der Helmut Fischer alias Monaco Franze seine Frau fragt, wann jetzt eigentlich genau ihre Vernissage sei. Darauf fragt seine Frau, gespielt von Ruth Maria Kubitschek, warum er das denn so genau wissen wolle. »Na ja, Spatzl«, antwortet Monaco Franze, »weil ich die Vernissage eben auf keinen Fall verpassen möchte.« Jedem ist klar: Er wird sie auf jeden Fall verpassen. Eigentlich geht es in dieser Serie um nichts anderes: Er sucht eine Ausrede nach der anderen, um das Leben so zu leben, wie er das möchte. Was das aber für ein Leben ist, weiß er selbst nicht. Vielleicht ist ja nur die Ausrede wichtig.

Sätze stehen bei Dietl nie für sich, sie sind wie Musik, man darf sie bloß nicht wörtlich nehmen. In einer seiner früheren Fernsehserien, den *Münchner Geschichten,* begleitet der junge, charmante Nichtsnutz Tscharli (Günther Maria Halmer) seine Oma (Therese Giehse) auf ihrem ersten Weg ins Altenheim. Sie steht in ihrem Zimmer, daneben ihr Enkel, und er fragt: »Und Oma, wie findest du es?« Therese Giehse macht eine Pause und antwortet: »Man kann nicht sagen, dass es nicht schön ist.« Wieder eine Pause, diesmal länger. Dann wiederholt sie sich: »Nein, man kann nicht sagen, dass es nicht schön ist.«

In seinem Film *Rossini oder Die mörderische Frage, wer mit wem schlief* geht es ausschließlich um die schicke Münchner Gesellschaft, um Erfolgreiche und deren Gefolgschaft, um Leute, die aneinander vorbeireden, die nicht zuhören, die Dinge sagen, von denen nur eins sicher ist: Sie meinen sie nicht so. Einzelne Augenblicke sind komisch. Doch in der Summe ist das ein todtrauriger Film.

Es scheint ein Lebensprinzip zu sein: immer herumtänzeln um das Leben, immer einen Bogen machen um das Eigentliche – oder wie immer man das auch nennen mag. Muss dies am Ende tragisch werden?

Ich war aus einem ganz wunderbaren Anlass nach New York gereist: Es gab keinen. Ich hatte zehn Tage frei und eine Wohnung mitten im West Village. Ich ging ins Kino, in Galerien, las die *New York Times* und dachte darüber nach, wie dieser Roman aussehen soll, den ich irgendwann überlege anzufangen. Mit solchen Dingen lässt sich sehr nett die Zeit verbringen. Und nebenbei wollte ich versuchen, einige Handlungsstränge zu ordnen, die in meinem Leben gerade eine Rolle spielen.

Ich formuliere das ein wenig gespreizt, weil mir eine Unterscheidung wichtig ist. Ich kenne Leute, die auch solche Reisen unternommen haben. Sie sind zum Beispiel »ans Meer« gefahren, um irgendetwas in ihrem Leben zu klären: Passt diese Frau, dieser Mann wirklich zu mir? Soll ich diesen neuen Job annehmen? Soll ich kündigen? Soll ich etwas ganz anderes machen? Alle sind sie zurückgekehrt von ihrem Entscheidungsurlaub – und nichts war klar. Im Gegenteil. Entscheidungen mögen anscheinend keine Einsamkeit. Und Ruhe auch nicht. Gefühle sind passiv, man kann nicht nach ihnen greifen, sie müssen geschehen. Deshalb werden sie im Alltagsstrudel ins Abseits gedrängt, sie mögen keine Aktivität. Wenn man sie spüren will, muss man ihnen Zeit geben.

In der Spielfilmserie *Don Camillo und Peppone* gibt es eine Szene, in der der Pfarrer Don Camillo aus seinem Strafexil in den italienischen Bergen eines Nachts in seine alte Kirche im Tal zurückkehrt, um das schwere Kreuz samt Jesus zu stehlen. Denn bevor Don Camillo verbannt wurde, sprach er mit seinem Herrn, und der antwortete ihm auch mit sanfter Stimme, gut zu hören für den Fernsehzuschauer. Doch nun schweigt Jesus. Don Camillo denkt, es liege am Kreuz – und stiehlt es. Er trägt das schwere Kreuz im Schneetreiben die steile Bergstraße hinauf. Und bricht unter der Last zusammen. Wäre auch kein schlechter Tod gewesen – der Pfarrer, begraben unter seinem Herrn. Doch irgendwann spricht Jesus: »Steh auf, Don Camillo.« Und natürlich kämpft der sich hoch, endlich hört er seinen Herrn wieder. Jesus sagt, er habe die vergangenen Wochen auch mit ihm gesprochen, doch habe Don Camillo ihn nicht gehört, weil seine Ohren verstopft gewesen seien von Selbstmitleid und Wehleidigkeit.

Also, so ähnlich muss man sich das bei mir vorstellen, nur ohne Jesus.

Das erste größere Gefühl, das mir an einem dieser Abende in New York begegnete, war nicht besonders angenehm. Eine Art Unwohlsein, von einem Moment auf den anderen. Man könnte es Unruhe nennen, vielleicht auch Angst. Angst, weil man ebenso augenblicklich das Bedürfnis hat wegzulaufen, in der Hoffnung, dass dieses Gefühl an einem anderen Ort verschwindet. Ich kenne das schon seit langem. Und die Strategie dagegen ist: Ich rufe jemanden an, treffe mich mit jemandem. Fliehe. Mache irgendetwas, um mich abzulenken, möglichst schnell.

Eine Therapeutin hat zu mir gesagt, ich solle diese Angstgefühle ernst nehmen, sie seien so etwas wie der Seismograf meiner seelischen Verfassung. Wenn sich diese Gefühle meldeten, wolle mir sozusagen meine Seele etwas sagen.

Ich hatte an diesem Abend keine Lust auf meine Seele, ging in eine Bar in der Fifth Avenue und bestellte einen Mojito – okay, keine Lösung, aber manchmal doch hilfreich. Und außerdem kann zuweilen dieser erste Moment, wenn der Alkohol auf das Gehirn trifft, durchaus kreativ sein. Der Mojito war ausgezeichnet und ziemlich stark und legte augenblicklich einige Gedankensplitter frei. Und plötzlich wurde mir eine Art Handlungskette klar: Man hat ein Angstgefühl, man will es vertreiben und tut was dagegen. Man ruft zum Beispiel einen Freund an, um die eigene Stimmung aufzuhellen. Man macht also etwas, das einen zweiten Film in sich trägt. Der Angerufene weiß in der Regel nichts von dem eigentlichen Motiv. Er ist nur Staffage, ein Statist. Man benutzt ihn.

Ein weiterer Gedankensplitter: Kann es sein, dass Angst und Unsicherheit Gefühle sind, die unsere Zeit prägen, speziell in Deutschland? Und kann es sein, dass die allgemeine Methode, etwas dagegen zu tun, der Methode Telefonanruf ähnelt? Man kann das Aktionismus nennen. Leben wir im Moment in einer Phase, in der sehr viele Menschen Dinge tun, die sie nicht dieser Dinge wegen tun? Ich muss gestehen, ich war in diesem Augenblick ziemlich begeistert von meiner Hellsichtigkeit.

Ich wusste, mit wem ich darüber reden wollte. Mit Helmut Dietl, denn er ist noch viel mehr ein Kronzeuge dieser Zeit, als er es für möglich hält. Als ich später meine Anfrage in einem Fax formulierte, sagte ich nichts von dem Mojito in New York und nichts von der gesellschaftlichen Relevanz dieses Themas. Ich erinnerte ihn nur an den Satz, den er in diesem Fernsehinterview gesagt hatte.

Helmut Dietl kenne ich schon eine ganze Weile, das ist aber für einen Münchner nichts Besonderes, eigentlich tut dies fast jeder in München. Er führt ein ziemlich öffentliches Leben in dieser Stadt. Er läuft stets weiß gekleidet durch seinen Stadtteil Schwabing und isst jeden Abend, wirklich jeden Abend, in dem Restaurant Romagna Antica, sitzt immer an seinem Tisch, nicht weit weg vom Fenster. Als der Wirt in finanzielle Schwierigkeiten geriet und über Aufgabe des Lokals nachdachte, trommelte Dietl ein paar Stammgäste zusammen wie den Filmproduzenten Bernd Eichinger und den Dichter Wolf Wondratschek, und sie alle zahlten dem Wirt ihre Zeche auf Jahrzehnte im Voraus. Ein Kredit der Marke Dietl. Veränderungen kann er nämlich nicht leiden. Diesem Lokal und seinem Leben da drin hat er mit dem Film *Rossini* ein Denkmal gesetzt.

Seine Beziehungen und Ehen waren immer Stadtgespräch, der Frauentyp oft ähnlich: blond, vollbusig, von Beruf Schauspielerin. Beispiel Barbara Valentin, Beispiel Veronica Ferres. Zu welcher Rigorosität Helmut Dietl in seiner Kunst fähig ist, zeigt eine Sequenz in *Rossini*: Eine blonde, karrieregeile Schauspielerin wanzt sich an den berühmten Regisseur heran, Dietl lässt sich von Götz George spielen. Der glaubt depressiv-hysterisch an die große Liebe, doch sie lässt ihn fallen, weil sie eine bessere Zukunftsperspektive, einen viel versprechenderen Förderer, gefunden hat. Bei den Dreharbeiten waren Dietl und Ferres noch zusammen. Das Ende kam kurz danach. Es muss ein merkwürdiges Gefühl sein, die eigene Zukunft zu inszenieren.

Ich habe Dietl zusammen mit Hellmuth Karasek interviewt. Es ging damals um seinen Film *Late Show*, eine Mediensatire mit Thomas Gottschalk und Harald Schmidt. Wir saßen in seinem Münchner Büro. Es ist gar nicht so einfach, mit ihm über seine Arbeit zu sprechen. Als wäre er gedankenleer, als hätte er eben alles, was es zu sagen gibt, in dieses Drehbuch, in diesen Film gepumpt. Man hatte das Gefühl, man befinde sich mit ihm in einem Raum, der früher voller Möbel und Leben war, irgendwann aber leer geräumt wurde – und nur er hat noch Erinnerungen an diese Zeit und kann eigentlich nicht so recht darüber reden.

Hellmuth Karasek wollte einmal mit Helmut Dietl und dessen berühmtem Koautor Patrick Süskind an einem Drehbuch für die Verfilmung der Affäre um die gefälschten Hitler-Tagebücher arbeiten. Der Film hieß später *Schtonk* und wurde sogar für den Oscar nominiert. Karasek hatte seinen gesamten Jahresurlaub genommen, und alle drei waren zum Schreiben nach Frankreich in Dietls Haus gefahren. Als

Journalist eher an schnelles Arbeiten gewöhnt, stellte er rasch fest, die beiden pflegten einen anderen Stil. Sie hatten Probleme mit der ersten Szene – und dachten nach. Einen Tag, eine Woche. Sie dachten weiter nach, meist schweigend. Dann machte Süskind einen Vorschlag. Karasek war sofort begeistert, Dietl, ein bisschen zögerlich, auch. Sie öffneten eine Flasche Champagner, um den Einfall zu feiern, und prosteten sich zu. Morgen würden sie dann richtig loslegen. Doch am nächsten Morgen verwarf Dietl die Idee – und sie dachten wieder nach. Karasek reiste ab. Das hält kein Jahresurlaub aus.

Helmut Dietl, der Perfektionist. Je mehr ich in der Vorbereitung unseres Gesprächs über ihn las, desto mehr wuchs die Überzeugung, dass er sich von Jahr zu Jahr tiefer reingeschraubt hat in die Frage dieses Kapitels, in meine Frage. Dietl, der Detektiv, der Alltagslügen und Alltagsmasken aufdeckt. Als Harald Schmidt mit ihm an dem Film *Late Show* arbeitete, fragte ihn Dietl am Ende der Dreharbeiten, warum er eigentlich so viel Kraft aufwende, um mit all seinem Witz und Zynismus die eigenen Emotionen zu verschütten. Ohne dies weiter kommentieren zu wollen, sagte Schmidt: »Ich war schon sehr beeindruckt von der außerordentlichen Genauigkeit dieser Beobachtung.«

Der Filmkritiker Michael Althen schrieb in der *Süddeutschen Zeitung* über ihn: »Dietls wahres Thema ist das Thema all seiner Filme: Wie Leute sich mit jener Lüge arrangieren, die sie irgendwann für ihr Leben halten, und welchen Preis sie dafür bezahlen. Schon immer interessierten Dietl jene Menschen, die im eigenen giftigen Saft schmoren.« Und Althen schreibt weiter: »Dietl benutzt jenes Verwirrspiel zwischen Welt und Fiktion auf die gleiche Weise, wie auch seine Figuren irgendwann zwischen Wahrheit und Lüge nicht mehr unterscheiden können und wollen. Immer wieder steigern sie sich in etwas hinein, was sie für das wahre Leben halten.«

In einem *Playboy*-Interview sagte Dietl: »Das Schlimmste, was mir passieren könnte, wäre, wenn ich mich selbst finden würde. Vermutlich hat auch meine Fixierung auf die Arbeit damit zu tun. Wahrscheinlich ist sie eine Flucht vor mir selbst: Ich bin mir selbst nicht genug.«

Im *Stern* wurde ihm die Frage gestellt, ob er in seinem Leben jemals echt gewesen sei oder ob er sich immer aus drei Metern Höhe mit kaltem Genuss beobachtet habe. Er antwortete: »Ein Genuss war ich mir nie. Ich war als Kind schon in der Lage, eine gewisse ironische Distanz zu mir zu haben. Ich konnte mich jederzeit lächerlich finden. Und dies menschliche Getue um mich herum auch nur selten ernst nehmen. Das war und ist ein wichtiges Talent.«

Helmut Dietl sagte in einem anderen Interview: »Es ist schön, Träume zu behalten, gewisse Dinge nicht zu tun. Ich habe immer von einem Ferrari geträumt. Jetzt könnte ich mir einen leisten. Ich tu's aber nicht, weil ich es schöner finde, mir nur vorzustellen, ich würde Ferrari fahren. Die Erfüllung von Sehnsüchten hat mir immer ein Gefühl von Wehmut gegeben – der Traum war weg.«

Dietl sagte auch einmal: »Ich versuche nicht, die Wirklichkeit abzubilden. Ich versuche, die Wahrheit herauszubringen. Ich spüre eine gewisse Fin-de-Siècle-Stimmung, weil man weiß, dass nichts mehr so ist, wie es war. Das ganze Klima ist rauer geworden, kälter.«

Stern-Reporterin Birgit Lahann beobachtete Dietl während Dreharbeiten. Am Schluss ihres Artikels schrieb sie: »Man möchte dem netten, oscarnominierten Herrn Dietl so gern helfen, irgendwie. Damit er nicht noch mehr Gitanes rauchen muss und endlich mal durchschlafen kann. Aber da hat er den Teller schon mit dem Brot aufgewischt, ist vom Tisch aufgestanden und schleppt sich hinüber zu den Weiden der Knochenmühle, um nach dem Licht zu sehen. Er geht wie ein einsamer Staatsmann, der am Ehrendenkmal einen Kranz niederlegt.«

Ich kann das Material über Helmut Dietl auch folgendermaßen zusammenfassen: Dieser Herr Dietl wäre der ideale Mann gewesen, Antworten auf die Frage dieses Kapitels zu suchen, ohne sich selbst eine Antwort geben zu müssen. Er hätte so wunderbar als Stellvertreter gepasst. Er wäre der perfekte Schutzschild gewesen.

Doch dann kam die Absage, zunächst ein freundliches Fax seiner Sekretärin. Da er gerade mitten in Dreharbeiten stecke, sehe er sich leider außer Stande und so weiter. Ich nahm das erst nicht weiter ernst, da das Gespräch ja auch ruhig nach den Filmaufnahmen hätte stattfinden können. Zufällig traf ich Dietl kurze Zeit später auf einem privaten Fest. Ich trug ihm noch einmal meine Bitte vor. Er wirkte regelrecht erschrocken. Nein, er habe 1. wirklich gar keine Zeit, und 2., dieses Thema gehe ihm sehr nahe. Und 3. könne man das Thema nicht in einem Interview, sei es auch noch so lang, umfassend genug behandeln. Wie zum Beispiel ließe sich erklären, wie sich die Physiognomie von Menschen verändert, wenn sie lügen? Er bitte um Verständnis, aber: nein. Er sagte dies mit einer Eindringlichkeit, dass sich jede weitere Nachfrage erübrigte.

Zum ersten Mal stehe ich mit einer Frage allein da: Warum sagen wir nie, was wir wirklich meinen? Und: Warum ist mir diese Frage so wichtig? Die Beschäftigung mit Werk und Person Helmut Dietls hat meine Ahnung bestätigt. Diese Frage interessiert, weil hinter ihr eine recht tiefe Falle steckt. Aber was hat diese Frage mit mir zu tun?

Ich komme aus einer Familie, in der es ein paar grundsätzliche Regeln gibt: Man ist eher gut als schlecht gelaunt. Man belästigt die anderen nicht mit irgendwelchen kleineren seelischen Wehwehchen. Man behält überhaupt eine Menge für sich, man muss nicht jeden Ärger gleich loswerden. Ich finde dieses Prinzip auch heute noch in Ordnung. Wenn man so will, ist es ein Stück gelebter Sozialismus, nicht das eigene Ego steht in jedem Augenblick im Mittelpunkt, sondern die Familie als Gesamtheit. Was natürlich seine Grenzen hat, wenn es jemandem richtig schlecht geht oder sonst etwas wirklich Wichtiges ansteht – es gibt eine Rangliste für Probleme. Diese Familienmethode hat Nebenwirkungen. Da man nicht ständig sagt, wie man sich fühlt, muss man sich, um etwas über den anderen zu erfahren, Gedanken machen. Man hört auf Andeutungen, auf den Tonfall, auf solche Dinge. Es gibt immer einen zweiten Film. Mein Vater beispielsweise war nie gerne allein zu Hause. Wenn meine Mutter beruflich unterwegs war, hätte er nie zu uns Kindern, die wir schon längst ausgezogen waren, gesagt: Wäre nett, wenn jemand von euch vorbeikommt. Brauchte er auch nicht: Wir wussten es eh und besuchten ihn. Das funktionierte automatisch.

An einem Weihnachtsabend, ich hatte schon längst die zwanzig überschritten, wurde mir zum ersten Mal klar, dass dieses Prinzip auch eine Kehrseite hat. Ich hatte mir ein paar Sachen gewünscht – und bekam sie, alle. Und trotzdem spürte ich so eine etwas alberne Enttäuschung. Hätten sich die anderen nicht ein bisschen mehr Gedanken machen können, über meine geäußerten Wünsche hinaus? So wie ich es doch auch tue oder wenigstens glaube zu tun? Kann es also sein, dass etwas an Wert verliert, wenn man es vorher formuliert? Dass man sich das tatsächlich einbildet? Ich fürchte, es kann sein.

Ich bin ein wenig zusammengezuckt, als mir viel später

der Schweizer Paartherapeut Jürg Willi in einem Interview sagte, dass nicht artikulierte Sehnsüchte oder Wünsche der Killer Nummer eins einer Beziehung seien. Es seien vor allem Männer, die sich, manchmal sogar unbewusst, beleidigt in ihr Schneckenhaus zurückzögen, verliebt in eine gewisse gefahrlose Einsamkeit, in ein gottgegebenes Unverstandensein. Männer spielten gerne den lonesome Cowboy, spottete der Psychologe.

Willi erforscht seit mehr als drei Jahrzehnten den Lebenslauf von Ehen und Beziehungen. Er ist sich sicher, dass es eine entscheidende Phase in jeder Verbindung gibt, wenn nämlich allmählich der Zustand des ersten heftigen Verliebtseins weicht. Das könne, so Willi, nach drei Monaten so weit sein, bei anderen nach zwei Jahren. »Verliebtsein bedeutet: Man interessiert sich vor allem für den anderen, nicht für sich, löst die eigenen Bedürfnisse oftmals nahezu auf. Doch dann muss das Gegenteil geschehen: Man sagt dem Partner möglichst genau, wer man ist, was man will. Von da an beginnt eine nicht mehr enden wollende Auseinandersetzung zwischen zwei verschiedenen Persönlichkeiten«, sagt Willi. Und fügte hinzu: »Wenn dies nicht geschieht, scheitert jede Beziehung, ganz sicher.«

Ich versuche das nun schon seit einiger Zeit, das Abtrainieren der versteckten Erwartungen, das Formulieren des eigenen Seins. Es ist wie ein neuer Muskel, den man plötzlich belasten will. Man muss sich daran gewöhnen. Ich finde es ziemlich anstrengend, was an der sich mir eingeprägten Familienmethode liegen mag. Es geht nur äußerst langsam voran. Denn wenn ich dauernd sagen soll, was ich haben möchte und wer ich bin, dann drängen sich ebenfalls dauernd zwei Fragen auf: Ja, was möchte ich denn wirklich haben? Und wer bin ich denn jetzt gerade?

Wie gesagt, früher war ich ein Anhänger des Nicht-Aussprechens, des Erratens, des Beobachtens. Dies auch deshalb, weil ich fürchtete, dass durch das Reden ein Stück Geheimnis verloren gehen könnte, ein wenig Zauber. Und dass einem durch das Bewusstwerden der eigenen Wünsche eben auch klar wird, was man alles nicht schafft, woran man scheitert. Der gewohnte und unbequeme Nebel, fürchtete ich, könnte von da an weg sein.

Diese Sorgen waren unberechtigt. Denn durch das Voranschreiten auf der eigenen Willensskala wird natürlich nichts endgültig beantwortet. Jean Genet schrieb einmal: »Die Geheimnisse fangen erst an, wenn alle Geständnisse abgelegt sind.« So ist das. Man hat nur das Gefühl, es gehen neue Türen auf, weil die anderen auf das eigene neue Verhalten reagieren. Es treten Veränderungen ein. Das empfinde ich als angenehm. Das ist vielleicht der offensichtlichste Unterschied: In der alten Methode des Schweigens, Nebelwerfens, Lügens bleibt alles gleich, weil es ja nur ein innerer Monolog ist, den man immer wieder aufs Neue formuliert.

Ich hätte Helmut Dietl sehr gerne gefragt, inwieweit er das Thema Lebenslüge für ein Thema unserer Zeit hält. Menschen tun Sachen, aber nicht dieser Sachen, sondern um irgendwelcher schneller Wirkungen willen. Das war der Anfangsgedanke in dieser Bar in New York gewesen. Ich hätte ihn gerne gefragt, ob er glaube, dass Lebenslügen letztlich lähmen, so charmant und undramatisch sie auch immer sein mögen. Dass sie letztlich depressiv machen. Eigentlich bin ich dieser Ansicht. Oder ist es anders?

Vielleicht hätte er ein leidenschaftliches Plädoyer für die Lebenslüge gehalten. Für den Nebel. Vielleicht hätte er gesagt, zumindest für seine Arbeit brauche er ihn. Und für sein Leben auch. Wie bitte, das dauernde Suchen nach der angeblichen Wirklichkeit soll die Lösung sein? Man kann sich ganz schnell vorstellen, wie seine Filmfiguren auf diese Frage antworten würden. Der Tscharli aus den *Münchner Geschichten*, der Monaco Franze, der Klatschreporter Baby Schimmerlos aus *Kir Royal* und auch die Figuren aus *Rossini* und *Late Show*, aus *Schtonk* sowieso: Nein, bitte schleichen Sie sich schleunigst mit Ihrer Wirklichkeit, und zwar sofort.

In einem Interview im Jahr 1992 sagte Dietl: »Ich habe auch immer wieder geheiratet, was ja katastrophal ist, zumindest für die Finanzen. Ich bin mittlerweile überzeugt davon, dass es nicht geht – aber trotz besseren Wissens zwinge ich mich zu weiteren Fehlern. Es gibt nichts Schöneres, als in eine Falle zu treten, die man schon kennt.«

2002 hat Dietl, damals siebenundfünfzig, erneut geheiratet, zum vierten Mal. Er ist sogar noch mal Vater geworden. Der Mann hält Kurs.

Wann muss ich mich von meinem Traum verabschieden?

Kerstin Kohlenberg trifft sich mit einem Erfolgstypen und einer alten Freundin

»Nee, ich komme lieber zu dir. Der Hund war noch nicht draußen, und bei mir ist es schweinekalt.« Diana legt den Hörer auf, und wie immer weiß ich nicht, ob sie sich freut, mich zu sehen, oder ob sie mir nur einen Gefallen tut.

Wenn man Diana Karst zum ersten Mal trifft, dann ist man erst ein wenig eingeschüchtert. Sie wirkt so unerschrocken und auch ein bisschen unnahbar. Sie ist groß, sehr schlank und hat lange rote Haare. Aber es ist vor allem die Stimme, die auffällt: tief und harzig, wie ein Stein, der einen Felsen runterrollt. Und sie raucht, eine Zigarette nach der anderen. Eine Sache, die sie absolut nicht im Griff hat. Sagt sie selbst. Diana ist jetzt zweiunddreißig Jahre alt. Vor zehn Jahren hat sie sich geschworen, dass sie mit dreißig aufhört zu rauchen. Damals hat sie nicht mit einem so widerspenstigen Leben gerechnet.

Um mit Ralf einen Termin abzumachen, spreche ich mit seiner Sekretärin. Ich sage, dass es um Diana geht und den *Sommernachtstraum*, das Theaterstück, bei dem die beiden mitgespielt haben, damals in der Kulturfabrik in Koblenz. Das mache er gerne, e-mailt seine Sekretärin, obwohl er bald ziemlich viel mit den Vorbereitungen zu einer neuen Comedy-Show zu tun haben werde. Wann ich kommen wolle?

Diana und Ralf sind einander vor vierzehn Jahren begegnet. Diana war damals siebzehn, Ralf zehn Jahre älter. Beide hatten sie den gleichen Traum. Für einen hat er sich – zumindest auf den ersten Blick – erfüllt.

Ich kenne Diana seit meinem ersten Interrail-Urlaub, den wir durch Zufall gemeinsam verbrachten. Meine beste Freundin und Dianas beste Freundin kannten einander. Und wenn ich damals hätte voraussagen sollen, wer von uns beiden mit dreißig noch raucht, dann hätte ich auf mich getippt. So undiszipliniert und maßlos, wie ich war. Ich war immer diejenige, die noch eine Woche länger bleiben wollte, die die beiden T-Shirts kaufte, wenn sie sich nicht entscheiden konnte, und die die Schokolade ganz aufaß. Und Diana, na ja, das totale Gegenteil. Sie war eine disziplinierte Ballerina.

Das erste Mal auf der Bühne habe ich Diana ein Jahr nach dem Interrail-Urlaub gesehen. In ebenjenem *Sommernachtstraum* in Koblenz zusammen mit Ralf Günther. Er war damals der Schwarm aller Mädchen, heute ist er der Mitinhaber von Brainpool, der Firma, die die meisten Comedy-Shows für das deutsche Fernsehen produziert: also *TV Total* mit Stefan Raab, die verschiedenen Shows mit Anke Engelke und früher auch mal die *Harald Schmidt Show*.

Im *Sommernachtstraum* war Diana der Puck. Sie hatte einen endlosen Monolog auf der Schaukel und schwebte über den Zuschauern hin und her. Ralf Günther spielte den Lysander. Beide wollten auf die große Bühne. Ralf wollte der beste Komiker Deutschlands werden. Diana Schauspielerin.

Diana sitzt in meiner Küche in Berlin und gibt ihrem Hund Wasser, sie trägt enge Jeans, einen engen Pullover und schwarze Turnschuhe. Die graue Blouson-Lederjacke aus den Siebzigern hat sie auf einen Stuhl gelegt. In diesem Aufzug würde sie ohne Probleme in eine junge Gitarrenrock-Frauenband passen. Diana hustet. Zigarette.

Sie wollte eigentlich wirklich nicht pathetisch werden,

aber in diesem Fall ließ es sich einfach nicht vermeiden. Ich habe Diana nämlich gefragt, wie sich die Bühne anfühlt. Und sie hat gesagt: »Wie das größte Glück auf Erden.« Und dass das Leben und die Schule sich immer völlig veränderten, wenn Schultheateraufführungen waren und nachmittags um vier die Proben begannen. Dass sie dann wie beseelt war, hat sie gesagt, und dass das ein Gefühl war, wie ganz stark verliebt zu sein.

Diana ist ein Scheidungskind. Zu Hause wurde viel gestritten, auf der Bühne dagegen öffnete sich eine ganze Welt des Angenehmen. Außerdem war es bei Dianas Mutter in der Wohnung immer extrem kalt. Irgendetwas mit der Heizung stimmte nicht. Allein der Geruch der warmen Umkleidekabinen konnte sie daher begeistern. Mit sechzehn ist sie bei ihrer Mutter ausgezogen. Das mit der Kälte, sagt Diana, das verfolge sie seitdem. In ihrer Wohnung in Berlin gibt es nur Kohleöfen. Und so richtig warm wird es damit nie.

Während Diana vom Theater erzählt, ist sie ganz entspannt. Es ist eine Art außer sich und zugleich ganz bei sich sein. Ich überlege, wie oft es mir passiert, dass jemand so begeistert von etwas ist. Eigentlich beschwert man sich doch häufiger über etwas, als dass man etwas lobt. Nörgeln ist so viel einfacher. Ich muss lange überlegen, und dann fallen mir komischerweise nur Situationen ein, in denen Menschen von Erlebnissen oder Dingen berichten, die das Gegenteil von ihrem eigenen Leben sind. Mein Vater, zum Beispiel, der Beamte, leuchtete immer, wenn er von den Silberpfeilen, dem Nürburgring, Rosemeyer und Caracciola erzählte. Sein Traum war es, als Pensionär einen echten Oldtimer zu restaurieren. Nicht diese kleinen Modelle, die er zuhauf im Keller bastelte. Jetzt ist er pensioniert und sagt, er habe zwei linke Hände. Oder Markus, ein oft aufgedrehter Radioreporter, der nur einmal ganz ruhig war, als er mir sein Lieblingsmuseum beschrieb, für das er jedes Jahr einen Mitgliedsbeitrag überweist.

Wann so ein Traum vom Glück über einen hereinbricht, ist schwer zu sagen. Meist passiert das zwischen Kindergarten und Grundschule. Und natürlich kommt es aus der Welt, die einen umgibt, von den Eltern, den Nachbarn, den Bücherhelden. Die Träume geistern im Kopf umher und hinterlassen Bilder von einem glücklichen Leben. Aber warum berühren sie uns so, diese Träume anderer Menschen? Ich glaube, weil sie die Menschen verwundbar machen. Denn sie lassen in die Maßlosigkeit der Seele schauen, und sie vermessen den Raum zwischen Sein und Nichtsein, zwischen Können und Wollen, zwischen Theorie und Praxis. Die Vernunft versucht, diesem Vermessen Einhalt zu gebieten. Sie ist so etwas wie der ängstliche Freund, der vor dem Türsteher der Disco warnt. Weil der einen sowieso nicht reinlässt, zu voll, zu schlecht gekleidet, zu wenige Bekannte. Aber wie kriegt man seinen verdammten Hintern trotzdem an die Bar?

Wie wird der Traum Wirklichkeit, die Theorie zur Praxis? Der Philosoph Georg Lukács gab den Marxisten den Rat, sie sollten sich verhalten wie ein Segler. Der achtet wie ein Wetteransager genau auf den Wind – jedoch mit einem entscheidenden Unterschied: ohne deshalb seine Fahrtrichtung von ihm bestimmen zu lassen, im Gegenteil, um an dem ursprünglich gesteckten Ziel festzuhalten. Der Wetteransager war für Lukács die Metapher für den Realismus der Massen, die man für sich gewinnen musste. Und vielleicht ist unsere Vernunft auch so etwas wie ein Wetteransager, der manchmal etwas zu schnell vor einem Unwetter warnt.

Wenn man Diana damals in ihrer ersten Wohngemeinschaft besuchte, in die sie von zu Hause aus gezogen war, dann lagen da überall Ballettschläppchen, Spitzenschuhe und Fotoalben herum. Ständig sortierte sie Bilder, die irgendwelche Fotografen von ihr gemacht hatten, Bilder von Aufführungen des Schülertheaters und der Ballettgruppe beim Presseball oder vor viertausend Zuschauern in Hamburg. Ich hatte immer das Gefühl, dass Diana sich keinen Moment in ihrem Leben langweilte. Ich dagegen hatte meine Schwester zum Streiten, meine Mutter zum Plappern und trotzdem oft Langeweile. Ich war neidisch auf Dianas Leben. Sie wäre wahrscheinlich sehr überrascht, wenn ich ihr das heute sagen würde. Welches Leben?, würde sie zurückfragen. Keine Geschwister, Eltern geschieden. Nein, vielleicht war es nicht das Leben, auf das ich neidisch war, sondern die Tatsache, dass sie die Disco, in der sie tanzen wollte, schon gefunden hatte.

Kann sie sich an den Moment erinnern, in dem sie sich selbst zum ersten Mal als Schauspielerin vorgestellt hat? Gibt es so etwas überhaupt, so eine Art Urknall, aus dem sich alles entwickelt? Diana sagt, sie finde es auch komisch, aber sie erinnere sich an einen Tag, da muss sie fünf oder sechs Jahre alt gewesen sein, die Eltern wohnten damals noch zusammen, da sprang sie auf ihrem Bett auf und ab und beobachtete sich im Spiegel. Und da, sagt Diana, kam er, der Gedanke. Wie, das weiß sie nicht mehr, auch nicht, warum, aber da sei er zum allerersten Mal gewesen, der Wunsch.

Menschen, die zu viel träumen, gelten oft als Spinner, denen der Sinn für die Realität abhanden gekommen ist. Deshalb war das Träumen für Immanuel Kant auch eine Gemütskrankheit, und Sigmund Freud behauptete sogar, dass glückliche Menschen überhaupt nicht tagträumten. Macht träumen unglücklich? Oder macht nur zu viel träumen unglücklich? Und ab wann ist es zu viel? Seit Kant und der Aufklärung hat sich die Sache mit der Träumerei etwas entspannt. Träume zu haben, gilt mittlerweile eher als Zeichen für Ausgeglichenheit und Fantasie. Träume überhöhen die Gegenwart und gleichen so den oft unangenehmen Realitätsdruck aus. Das muss dann nicht unbedingt mit einem Verlust der Realität einhergehen. Haben nicht gerade Menschen mit starken Träumen und Visionen die Gegenwart verändert? Und ist nicht die Macht, die der »American Dream« auf ein ganzes Land und seine Einwanderer hat, das beste Beispiel?

Dianas Kindertraum wurde durch ziemlich viele Zufälle weitergetragen. Durch ihre Mutter zum Beispiel. Die wollte als Kind immer selbst zum Ballett, durfte aber nie. Zu wenig Geld, Firlefanz, warum auch immer, sie durfte einfach nicht. Also wurde Diana ihre Stellvertreterin und trat in ganz Deutschland auf. Oder der Zufall, dass die Mutter sie, ohne es zu wissen, auf das einzige Gymnasium in Koblenz schickte, das eine professionelle Theatergruppe hatte. Aber irgendwann war die Schule vorbei, und Diana schrieb sich für Germanistik und Theaterwissenschaft in Mainz ein. Warum?, will ich wissen. Sie wusste, wie die Disco heißt, sie wusste, wo sie liegt, aber sie ist trotzdem nicht hingegangen. »Mit 18«, sagt Diana, »da ist man ja relativ orientierungslos.« Und da war ihr Theatergruppenleiter, er riet Diana, Germanistik zu studieren. Schauspielerei, so was sei doch Quatsch! Denn eigentlich war er von ganzem Herzen Deutschlehrer, die Theater-AG war für ihn nur ein zweiter Zugang zur Literatur. »Und dieser eine dumme Satz hatte sehr viel Wirkung auf mich«, sagt sie. »Wenn man durch die ganze Republik reist, zu den Schauspielschulen geht und vorspricht, das erfordert ja eine ganze Menge Mut. Und natürlich war ich immer ängstlich. Die Gefahr der Ablehnung ist einfach relativ groß.«

Als Diana damals nach Mainz ging, versuchte ich selbst gerade, die Prellungen von meinem Kampf mit dem Türsteher, so gut es geht, zu verbergen. Zweimal haben wir uns geprügelt, jedes Mal stand ich kurz drinnen im Gedränge, völlig gelähmt, dass ich keinen einzigen Schritt tun konnte. Mich hatte nur mein Vater gewarnt, aber wie das eben so ist, genau deshalb wollte ich ja weg, nach Frankreich als Aupair. Na ja, Abenteuer wollte ich halt, und ich hatte gar keinen Zweifel daran, dass das alles prima funktionieren würde. Dass ich niemanden vermissen würde, dass ich meine Probleme selbst lösen könnte, dass ich keine Angst haben würde. Es ist dreimal im Desaster geendet. Es waren vier fürchterliche Monate, in denen ich fassungslos vor mir selbst stand, nicht akzeptieren wollte, dass ich anders war, als ich gedacht hatte. Und es folgten ein paar mittelmäßige Jahre, in denen ich von einer Dorfdisco zur nächsten zog, um mich an den Lärm zu gewöhnen.

Warum, überlege ich, ist Diana damals nicht mutiger gewesen? Diana konnte steppen, Balletttanzen und hatte Bühnenerfahrung. Ich konnte noch nicht einmal ausreichend Französisch. Vielleicht hatte ich die Tatsache, dass ich zu Hause immer jemanden zum Streiten gehabt hatte, unterschätzt. Und vielleicht war Dianas Traum so einer, der nur in Kombination mit ihrer Ersatzfamilie, dem Freund, ihrer Clique, der WG, funktionierte. Als ihr Freund nach Mainz zum Studieren ging, die Schauspielschulen aber ganz woanders waren, entschied Diana sich für Mainz. Danach zog sie mit ihm nach Berlin.

Es folgten Zwischenprüfung in Germanistik, Wechsel zu Psychologie, Vordiplom. Nebenbei Gesangsunterricht. Die Schauspielerei rückte immer weiter weg. »Ich hab halt immer gedacht: später.« Vielleicht, frage ich mich, weil man diese Zeit zwischen achtzehn und fünfundzwanzig ohnehin eher als ein Spiel begreift, von dem man sich nicht vorstellen kann, was das mit dem späteren Leben zu tun haben soll? Wusste ich, wie mein Leben als Soziologin aussehen würde? Vieles von dem, was ich in dieser Zeit gemacht hatte, war Zeitvertreib, zum Überbrücken, es bestand ja keine Eile. Die Lebenszufriedenheit kam damals doch fast ausschließlich durch die Leute, mit denen man zu tun hatte, durch den Ort, an dem man sich regelmäßig traf, und die permanente Abwechslung, die man suchte. Wenn es gut lief, dann hatte man sozusagen seine eigene kleine Theatertruppe zusammen, mit der man herumzog, in den Urlaub fuhr und über die man sich aufregte.

Dass Diana es dann doch noch einmal probierte, lag daran, dass sie vierundzwanzig wurde und fünfundzwanzig das Höchstalter war, um sich an einer Schauspielschule zu bewerben. Sie suchte sich einen Schauspiellehrer, ein Jahr hat sie mit ihm geprobt. Die Angst und die Unsicherheit, ob sie es überhaupt noch kann, das Spielen, war mittlerweile so groß, dass sie sich nach einem Jahr noch nicht einmal mehr traute, den Lehrer zu fragen, ob die Monologe gut genug seien, um sich an einer Schule zu bewerben. Sie sprach an der Hochschule der Künste in Berlin vor und wurde abgelehnt. Die Enttäuschung, sagt Diana, habe sich in Grenzen gehalten, denn viel hätte sie sich sowieso nicht erhofft bei zigtausend Bewerbern. Vielleicht sollte es nach sechs Jahren auch nur eine erste Annäherung sein, eine Mutprobe, die man sowieso nur ertragen kann, wenn man im Kopf außer Konkurrenz mitmacht.

Ständig schaute sie sich damals die alten Videos von ihren Auftritten mit der Ballettschule an. Und wenn sie davor saß, dann sei das Glücksgefühl immer wieder derartig groß gewesen, als stünde sie tatsächlich gerade auf der Bühne. Im Grunde hat sie sich damit selbst angefeuert. Bald würde sie fünfundzwanzig werden. Sie spricht noch einmal an einer privaten Schauspielschule in Berlin vor. Und wird genommen.

Wenn Dianas Leben ein Film wäre, wäre hier jetzt Schluss. Wie bei *Flashdance*, als die Schweißerin Jennifer Beals an der berühmten Ballettschule aufgenommen wird. Man würde vielleicht noch wie im Zeitraffer sehen, wie Diana glücklich mit ihrem Schultheaterkostüm über der Schulter durch die halbe Stadt radelt, bei einigen Kurzfilmen mitmacht, fechtet, singt, probt und eine GZSZ-Gastrolle ablehnt. Dann wäre Schluss, und die Sehnsucht hätte wieder einmal Berge versetzt. Aber das Leben hält noch eine zweite Filmspule bereit.

Vor vier Jahren wurde Diana mit der Schauspielschule fertig. Dann schrieb sie noch ihre Diplomarbeit in Psychologie, das wollte sie einfach zu Ende bringen, und als sie sich endlich nach Agenturen umsieht, ist die Wirtschaftskrise im vollen Aufschwung. Die Produktionen werden weniger, überall wird gespart, die Agenturen haben kaum noch Aufträge zu vermitteln. Außerdem ist Diana achtundzwanzig. Zu alt, hört sie überall.

Zwei Jahre sucht sie, geht zu Werbe-Castings, bewirbt sich bei Synchronstudios, spricht ein Hörspiel im Radio, hat eine Nebenrolle in einem *Tatort*, macht ein Praktikum bei einer kleinen Filmfirma, spricht bei einer Stuntfirma vor, doubelt beinahe Katja Riemann in einer Nacktszene und wird unter zweihundert Psychologen für eine Fernsehshow engagiert. Die Produzenten drehen eine Pilotsendung mit ihr, aber das Testpublikum findet, sie sei zu jung, die Zuschauer wollen lieber eine Fünfzigjährige.

Soll sie jetzt schon aufgeben? Wie viele Widerstände muss

man überwinden? Und ab wann weiß man, dass man sich an den letzten Metern die Zähne ausbeißen wird? Ab wann tritt der Realitätsverlust ein?

Ich überlege, wie das bei mir war. Wie sehr hat mich mein Vater bedrängt, doch an der Universität zu bleiben, meinen Doktor in Soziologie zu versuchen. Die Medien seien doch ein Haifischbecken. Haifischbecken, an das Wort kann ich mich noch gut erinnern. Als er das sagte, gingen wir im Grunewald spazieren. Für meinen Vater war damals alles, was nicht Beamtentum war, ein Risiko. Zumindest erschien es mir so. Ich erinnere mich, dass er einmal über einen Bekannten, der fest angestellt war, aber eben in der freien Wirtschaft, gesagt hat: »Der verdient zwar mehr Geld als ich, aber kann auch jeden Tag entlassen werden.« Mein Vater hatte Angst. Ich ja auch. Aber ich hatte der Angst jetzt schon so oft vors Schienbein getreten, nicht immer erfolgreich, aber immerhin, da konnte ich ihr doch jetzt nicht nachgeben.

Sicherheit, das ist immer das oberste Gebot meines Vaters, von Träumen hält er generell nicht so viel. Mein Vater studierte das Fach, das ihm sein Vater empfohlen hatte. Er ist Geodät geworden, Landvermesser, wie mein Opa. Und er sagt immer, dass er zufrieden damit war. Ich weiß nicht, warum, aber insgeheim unterstelle ich ihm, dass er lieber etwas anderes gemacht hätte. Vielleicht weil ich idiotischerweise glaube, dass man das Glück selbst finden muss. Dass man es sich nicht empfehlen lassen kann wie ein Urlaubsziel. Ich habe meinen Vater einmal danach gefragt, ob er gern einen anderen Beruf erlernt hätte. Er musste lange überlegen und antwortete dann, vielleicht Maschinenbau, dass es für ihn aber schon toll genug war, aus dem Westerwald nach Bonn zu kommen. Eine andere Zeit, und ich muss mich, glaube ich, davor hüten anzunehmen, dass sie unglücklicher war. Tauschen will ich aber auch nicht.

Ich bin zwei Jahre älter als Diana, ich habe zwei Jahre früher angefangen, einen Job zu suchen. 1998, da war der Wirtschaftsboom schon zu hören, und natürlich hat das vieles einfacher gemacht. Jetzt ist es für Journalisten auch nicht mehr so leicht. Ist das Leben schwerer geworden? Ich überlege, was eigentlich aus unserem Freundeskreis von damals geworden ist. Martina hat mit Diana zusammen Psychologie studiert und arbeitet jetzt in der Personalabteilung einer großen Unternehmensberatung. Sie hat sich nie von irgendwelchen Träumereien treiben lassen, das macht das Leben auf jeden Fall sicherer und planbarer. Als die erste Firma, für die sie gearbeitet hatte, Pleite ging, hat sie die freie Zeit genossen und danach sofort wieder etwas gefunden. Der Job langweilt sie, aber er ist sehr gut bezahlt. Bald bekommt sie ein Baby. Christian ist freier Fotograf und gibt sich noch ein halbes Jahr. Wenn es bis dahin nicht läuft, dann sucht er sich irgendetwas anderes. Privat ist aber alles gut. Auch seine Freundin bekommt ein Kind. Sebastian ist nach vielen Zwischenstopps bei einem New-Economy-Unternehmen in London gelandet. Rainer trägt Zeitungen aus, Sandra studiert noch, Thorsten bezieht Sozialhilfe, Ralph arbeitet in der Politikberatung und Christina als Psychologin im Gefängnis.

Diana wollte nie Kinder. Das war früher schon so, das ist heute auch noch so. Wenn man sie vor die Wahl stellt, ob sie lieber ein erfüllendes Berufsleben oder ein sicheres und glückliches Privatleben hätte, dann ist für sie schon immer klar gewesen: Beruf.

Ab wann weiß man also, dass die Chance vorbei ist? Dass der Traum ein Traum bleiben wird? Und wie geht man damit um? Eigentlich weiß Diana es schon, sie ahnt es zumindest. Aber der Traum ist immer noch da und hat immer noch Einfluss. Sie guckt sich jetzt nach Jobs für Psychologen um. Freie Jobs, damit hält sie sich immer noch eine Tür auf, um das Hörspiel oder die Fernsehsendung, die ihr vielleicht irgendwann angeboten werden, machen zu können. Zurzeit arbeitet sie für einen psychologischen Dienst im Internet und entwickelt psychologische Tests für Frauenzeitschriften. »Ich hab natürlich große Angst, dass ich in fünf Jahren immer noch so da hänge«, sagt sie. Von solchen Fragen lenke sie sich im Moment durch Geschäftigkeit ab. Sonst kriegt man ja das Heulen und Zähneklappern, sagt sie. Und dass Aktivität ja auch einen Wert habe, sie führe ja wiederum zu mehr Lebenszufriedenheit. Im Grunde ist Diana genau die Arbeitslose, die sich Kanzler Schröder wünscht. Sie bezieht keine Sozialhilfe, sie sucht aktiv nach einer Arbeit, ist dabei kreativ und macht, ganz nach dem neuen Ethos, nicht mehr die Umstände für ihre Misere verantwortlich, sondern sich selbst. Aber das hilft ihr trotzdem nicht. Zweimal in der Woche steht sie in einer Kneipe und bedient.

Natürlich stellt sie sich ständig die Frage, was wäre gewesen, wenn – wenn sie nach der Schule bei der Schauspielerei unterstützt worden wäre, wenn die wirtschaftliche Lage besser gewesen wäre, wenn sie eine Agentur gefunden hätte. »Ich muss aufpassen«, sagt Diana, »dass ich jetzt nicht so draufkomme: O, ist die Welt schlecht. Es ist nie gut, wenn man sich zum Opfer macht. Sonst ist man mit vierzig so eine, die sagt: Ich lebe von der Sozialhilfe, aber ich kann nichts dafür, denn das war nur die schlimme Rezession. Ich bin ja letztendlich selbst dafür verantwortlich, ich habe meinen Arsch ja nicht früher hochgekriegt. Natürlich war es eigentlich doof, das Psychologie-Diplom noch zu machen, aber da bin ich zu preußisch, als dass ich das Studium nicht abgeschlossen hätte. Und außerdem war es natürlich auch eine Frage des Selbstwerts. Ich bin jetzt eben wenigstens Diplom-Psychologin. Ich war so ehrgeizig, und irgendwie bin ich da natürlich auch stolz drauf. Ich habe mit achtundzwanzig zwei Studiengänge absolviert. Aber dann tu ich mir auch wieder Leid und denke: Mensch, und jetzt stehst du in 'ner Kneipe. Vor diesem Gedanken versuche ich, mich zu schützen, indem ich sage, du wolltest ja auch nie eine Festanstellung als Psychologin, und ich wusste um den Preis. Ich kann ja nicht immer der Vergangenheit nachtrauern und ständig denken, wenn das damals so gewesen wäre, dann würde ich jetzt ein glücklicheres Leben führen. Zumal man sich ja auch immer sagen muss, ich wäre ja dennoch derselbe Mensch.«

Mir kommt Max Frischs Stück *Biographie: Ein Spiel* in den Kopf. Und ich frage mich, wenn Diana die Möglichkeit hätte, ihr Leben erneut zu beginnen, was würde sie dann anders machen? Würde sie das Diplom bleiben lassen, das ganze Studium, oder würde sie noch einmal den Puck im *Sommernachtstraum* spielen und auf den Rat von Ralf Günther hören?

Sie hat ja selbst gesagt, sie wird immer derselbe Mensch bleiben.

Ich fahre zu Ralf Günther nach Köln-Mühlheim, in das alte Kabelwerk. Das Foyer ist voller Vierzehn- und Fünfzehnjähriger, die die Aufzeichnung der Stefan-Raab-Show sehen wollen. Es hängen Plakate mit Anke Engelke herum, es gibt eine große plüschige Sitzecke und ein Starbucks-Café, in dem man sich seinen Latte Macchiato kaufen kann. Das ist die TV-Produktion Brainpool. Ralf Günther hat die Firma zusammen mit Jörg Grabosch und Martin Keß vor gut zehn

Jahren gegründet. Er hat *Die Wochenshow* mit Anke Engelke produziert und die *Anke Late Night*, er ist für die Comedians zuständig und außerdem im Vorstand.

Günther sitzt am Computer hinter einer großen Glaswand, seine Sekretärin und die anderen Mitarbeiter davor, und er sieht noch ganz genauso aus wie damals in Koblenz. Er ist zehn Jahre älter als Diana, war auf demselben Gymnasium, in derselben Theatergruppe, und er hatte denselben Traum. »Na ja, wir wollten halt Mädels kennen lernen und in der Klasse gut dastehen. Man geht nach so einer Vorführung über den Schulhof, jeder kennt dich, das ist natürlich ein Spitzengefühl«, sagt Ralf Günther und grinst. Er spricht noch immer Koblenzer Dialekt, das sch wie ch – Chulhof, sympathich. Vielleicht habe ich auch deshalb das Gefühl, die Zeit sei stehen geblieben.

Was ist bei ihm anders gelaufen? Wie hätte Dianas Leben auch weitergehen können?

Ralf Günther ist nach Köln gezogen. Zuerst ist er mit drei, dann mit zwei Freunden und für die längste Zeit nur noch mit einem Freund als Die Niegelungen über die Kleinkunstbühnen Deutschlands getingelt. Jedes Jahr fast zweihundert Auftritte, dreizehn Jahre lang. Er raste abends durch die Kneipen, steppte auf den Tischen und kündigte sich selbst an. Alles oder gar nichts, so war das bei ihm schon immer, sagt Günther. Schon als er Nationalspieler werden wollte. Er spielte in der Schulmannschaft, in einem Verein und in der Rheinlandauswahl. Bis er auf sein Knie fiel und der Knorpel kaputtging. Er hat nicht lange getrauert. Warum auch, es sei vorbei gewesen, sinnlos, den Traum des Nationalspielers weiterzuträumen, sagt er. Ralf Günther stieg um auf Musik, gründete eine Band, begann in der Schulband und der Landesjugend-Bigband zu spielen. Nach dem Abitur kam noch eine Band dazu: Fred Kellner und die famosen Soul Sisters. Die Soul Sisters waren Anke Engelke und ihre Schwester.

Wenn man Ralf Günther reden hört, dann wird klar: Er hat einfach immer gemacht, selbst gemacht, weitergemacht und immer mit anderen gemacht. Zum Schluss kannte er so gut wie jeden in der Szene. »Dass Die Niegelungen eine Gruppe waren, das war am Anfang ein Vorteil«, sagt Ralf Günther. Aber natürlich sei er immer nur ein Teil von etwas gewesen. »Meinen Namen kannte niemand.« Und trotzdem wollte er der beste Komiker Deutschlands werden. Allein. Ralf Günther wollte Anke Engelke werden, jetzt produziert er sie. Wie das kam?

Irgendwann hatten Die Niegelungen ihre Grenze erreicht. Fünfhundert Leute, mehr konnten sie nicht bespielen. Um weiterzukommen, mussten sie ins Fernsehen. Also haben sie sich auf Premiere als Comedy-Moderatoren versucht, sie spielten einige Sketche in der Show *Brennende Herzen,* aber ihre Art zu unterhalten war für das Fernsehen ungeeignet. Ihr Programm war zum Teil sehr langsam und wortlos. Auf der Bühne reagierten sie auf alles, was im Publikum passierte. »Da spielte – auf die Gefahr, dass ich jetzt zu esoterisch werde –«, sagt Ralf Günther, »unsere Aura eine Rolle.« Im Fernsehen funktionierte die nicht.

Ob er glaube, dass er nicht gut genug gewesen sei?, will ich wissen. »Wir waren schon gut«, sagt Ralf Günther, »nur nicht fürs Fernsehen.« Er klingt ein bisschen wie ein Stummfilmstar, der über die Einführung des Tonfilms spricht. In dieser Zeit kam ein Produzent auf Ralf Günther zu, um ihn für eine RTL-Late-Show zu engagieren. Man hatte sich irgendwo kennen gelernt. Ralf Günther moderierte eine Probesendung, danach entschied sich RTL für einen anderen. Der Produzent bot Günther jedoch an, den Comedy-Bereich der Sendung zu übernehmen: Witze schreiben, coachen. Er nahm das Angebot an, gemeinsam mit einem Freund. Der Freund war Martin Keß, der Produzent war Jörg Grabosch, und ein halbes Jahr später haben die drei Brainpool gegründet.

In Ralf Günthers Büro stehen hinter Glas der Romy 99, Preise für *Die Wochenshow*, die er erfunden und produziert hat, ein Plakat des Festival du Rire de Montreux und ein großer, schwarzer Kontrabass. Sein Instrument in einem der alten Sketche der Niegelungen.

Wie war das damals? Dass Brainpool mal die größte Comedy-Produktionsfirma Deutschlands werden würde, konnte er ja noch nicht ahnen. Wie ist das, wenn ein anderer mit den eigenen Sketchen auf die Bühne geht? Ralf Günther knackt einen kleinen Apfelsaft auf, der in einem runden Kühlbehälter auf dem Couchtisch steht, und sagt: »Mir fehlte die Selbstdarstellung schon, die Anerkennung. Immerhin hatte ich mich dreizehn Jahre lang über die Lacher im Publikum definiert. Wenn dann plötzlich ein anderer mit deinem Witz auf der Bühne steht und das Publikum ihm zujubelt, da muss man dann so einen Gedanken wie: Das hätte ich auch gekonnt, ganz schön unterdrücken. Denn ich hätte es eben nicht so gekonnt. Aber das dauert etwas, bis man sich das eingesteht.«

Ich überlege, was ich machen würde, wenn ich meinen Job aufgeben müsste. Viele meiner arbeitenden Bekannten sagen in solchen Situationen: »Dann würde ich mit einer Freundin einen Blumenladen aufmachen oder ein Restaurant.« Und ich selbst? Ich habe mit dem Schreiben ja auch aus einem egoistischen Grund begonnen, aus einem Wunsch nach Anerkennung, nach Aufmerksamkeit heraus. Man macht sich öffentlich Gedanken über Menschen und die Welt und präsentiert sich damit. Denn natürlich verrät jede

Reportage auch etwas über einen selbst. Ein Freund hat mich sogar gefragt: »Kann man jemanden lieben, dessen Schreibe man nicht mag?« Was würde ich also machen? Ich habe keine Ahnung.

Einmal wollte es Ralf Günther aber noch wissen. Ist er nun besser vor der Kamera oder dahinter? 1999 moderierte er *Voll witzig!* Zwei Sendungen, dann hat er sich selbst abgesetzt und durch Ingolf Lück ersetzt. »Im Fernsehen bleiben von mir mehr Schwächen als Stärken übrig«, sagt er. »Ich spreche zum Beispiel Dialekt. Das ist auf der Bühne sympathisch, bei einem TV-Moderator denkt man jedoch: Eh, was ist denn mit dem los? Außerdem habe ich noch nie etwas allein gemacht, und Fernsehen ist nun einmal eine sehr personalisierte Angelegenheit. Das konnte ich nicht. Das hat mich schon richtig runtergezogen.«

Wenn er noch etwas jünger wäre, dann würde er das vielleicht noch einmal probieren. Aber er hat's ja dreizehn Jahre lang gehabt. Ralf Günther beginnt wieder zu schwärmen, von den Fahrten, dem Vagabundenleben, den Freunden, die man überall in Deutschland hatte. Ein bisschen so wie Harald Schmidt, wenn er in seiner Show vom Theater schwärmte. Oder Diana vor ihren Ballettvideos.

Wie chaotisch darf das Leben sein?

Stephan Lebert versucht von zwei Chaostheoretikern eine Antwort zu bekommen

Was ist in meinem Leben chaotisch?

* meine finanziellen Verhältnisse
* mein Schreibtisch
* das Wageninnere
* meine Art, über andere Menschen zu reden
* manchmal meine Gefühle
* mein Namensgedächtnis

Was ist in meinem Leben ordentlich?

* meine Freundschaften
* mein beruflicher Werdegang
* meine Essenszeiten
* meine Urlaube
* manchmal meine Gefühle
* meine Pünktlichkeit

Thomas Mann war extrem ordentlich, er hielt genaue Arbeitszeiten, genaue Essenszeiten ein, und wehe, ihn störte jemand bei seiner Ruhepause. War die Ordnung ein Schutz für ihn? Thomas Mann notierte in seinem Tagebuch: »Ertrage keine Diskussion, habe zu viel Diskussion in mir.«

Der *Spiegel*-Reporter Alexander Osang hat vor einiger Zeit einen der führenden amerikanischen Wahlkampfstrategen porträtiert, er war es, der unter anderem Arnold Schwarzenegger zum Gouverneur machte. Der Mann war berüchtigt für seine Genauigkeit, seine Pedanterie – im Berufsleben. Privat fand Osang einen Mann vor, der derartig chaotisch war, dass er aus dem Lachen kaum mehr herauskam.

Kann es sein, dass diese beiden Welten, Ordnung und Chaos, gar nicht in einem großen Dauerkampf stehen, sondern dass sie zusammengehören? Dass ohne die eine die andere nicht funktioniert?

Ja, das kann sein. Die Wissenschaft weiß das schon länger. Sie hat sogar einen Namen dafür gefunden: Chaostheorie. Ich habe mich mit zwei Koryphäen der Chaosforschung getroffen, um das Prinzip Chaos zu ordnen. Und ich weiß in einem einzigen Punkt schon jetzt, was die beiden Experten sagen werden: Wir brauchen das Chaos. Und genau das möchte ich hören.

Ein Tagungsraum in einem Hotel am Frankfurter Flughafen. Physikprofessor Werner Martienssen ist schon da. Mathematikprofessor Heinz-Otto Peitgen verspätet sich. Er fliegt mit seinem kleinen Flugzeug von Bremen nach Frankfurt. Martienssen sagt, er habe kurz vor dem Start noch mit Peitgen gesprochen: Schlechtes Wetter, besonders weiter oben, aber er werde trotzdem kommen.

Wir fangen ohne ihn an. Ich frage Martienssen, ob die Chaosforschung eine fachübergreifende Wissenschaft sei. Physik, Mathematik, Biologie, Chemie …

Martienssen nickt und sagt, diese Liste ließe sich beliebig fortsetzen: Ökonomie, Kommunikationswissenschaften, auch Gentechnik.

»Ein Berliner Gentechniker hat neulich von neuen Studien über Wechselwirkungen erzählt«, unterbreche ich ihn. »Der Mann hat das vereinfacht so zusammengefasst. Eigentlich hätten diese Untersuchungen zu bestimmten logischen Zahlenketten führen müssen: 2, 4, 6, 8 und so weiter. Taten sie aber nicht, es kam heraus: 2, 4, 9, 15, 17. Der Genetiker war überrascht, dass auch diese Prozesse nach dem Muster der Chaostheorie ablaufen.«

Für Martienssen ist das wenig überraschend: »Das Muster der Chaostheorie findet sich beinahe überall, das ist ja das Faszinierende. Die Chaostheorie ist eine Formel des Lebens.«

Martienssen nimmt gelegentlich an Gesprächsrunden teil, die Kardinal Ratzinger im Auftrag von Papst Johannes Paul II. veranstaltet. Da sitzen Wissenschaftler zusammen und sprechen über die philosophischen Fragen des Lebens, auch der Papst ist manchmal dabei. Er interessiere sich sehr für solche Dinge, sagt Martienssen, beispielsweise dafür, warum das Leben eigentlich immer weitergeht. Nicht aus theologischer Sicht natürlich, sondern wie das die Wissenschaft erklärt.

Die Hotelzimmertür geht auf. Professor Peitgen, der Mathematiker, kommt herein. »Entschuldigen Sie bitte meine Verspätung, aber es stand sozusagen auf Messers Schneide.«

Martienssen: »War das Wetter so schlecht?«

Peitgen: »Es war ganz finster. Eine einzige Gewitterfront. Es hat gehagelt und was nicht alles.«

»Wie fühlt man sich dabei in einem so kleinen Flugzeug?«, frage ich.

»Nicht gut. Man steckt zwischen diesen Wolkenschichten. Das ist immer ein bisschen wie bei einem Weltuntergang. Man weiß nie, was als Nächstes kommt. Professor Martienssen kennt sich besser aus in der Physik, die ja auch die Bildung von Wolken zu erklären sucht. Es gibt das, was man Zelle nennt, also das Gewitter im Volksmund, und eine richtige Gewitterzelle ist praktisch ein Schornstein, der sich langsam entwickelt und höher und höher und höher wird. Sie wissen vielleicht, wie so etwas entsteht.«

»Nicht wirklich.«

Peitgen: »Unten ist feuchte Luft, die Sonne wärmt sie auf, sie kondensiert in einer Wolke. Diese Wolke wird von den

Sonnenstrahlen durchdrungen, die Wolke fängt die Hitze, und diese Wärme führt dazu, dass sich die Luft ausdehnt und damit leichter wird und dann das Zeug nach oben abgeht. Und dann zieht von unten dünnere, feuchte Luft nach, die sofort kondensiert – und so entsteht langsam ein atmosphärisches Feld, ein Kamin. Und dieser Kamin, je länger er ist, hat in sich eine Luftströmung, die nach oben geht. Wenn man da hineinfliegt, zieht es einen plötzlich nach oben. Und irgendwann ist dieser Schlot so hoch, dass er auf ganz alte Luftschichten trifft, und dann ist diese warme Luft, die oben ankommt, überkondensiert und bringt Regen. Dieser Regen fällt nun runter und zieht kalte Luft in den Kamin hinein, und es kommt zu einer zylindrischen Strömung.«

»Was bedeutet das?«

Peitgen: »Man wird nach unten gerissen. Wie auf einer Achterbahn. Und im Flugzeug ist der Teufel los. Die Instrumente drehen durch. Regen und Hagel knallen auf die Maschine.«

»Sie sind also praktisch ein Held.«

Martienssen: »Nun ist aber gut mit der Fliegerei. Ich verstehe, dass man da stundenlang erzählen kann. Ist wahrscheinlich spannender als das Chaos.«

Peitgen: »Wie wir wissen, Herr Kollege, haben das Fliegen und das Wetter ja eine Menge mit der Chaostheorie zu tun.«

Martienssen: »Es gibt dieses staatlich geförderte Programm in der Chaosphysik, das die Entwicklung von konkreten technischen Anwendungen unterstützt. Da geht es um verschiedene Aspekte, unter anderem um das Problem der Luftströmung an den Flügeln großer Flugzeuge. Es ist nämlich so, dass über etwa drei Viertel des Tragflügels die Luft gerade nach vorne läuft, dann aber dreht sie sich und verwandelt sich in eine Art Turbulenz. Warum dies geschieht, weiß man nicht. Das Problem dabei ist, dass diese Turbulenz das Flugzeug bremst. Das treibt natürlich den Treibstoffverbrauch in die Höhe. Es geht also um viel Geld. Bislang ist noch keine Lösung gefunden worden. Einmal hat man kleine Löcher in die Tragflächen gebohrt. Das hat zwar funktioniert, doch die Gefahr ist zu groß, dass diese Löchlein einfrieren.«

»Man weiß nicht, warum sich eine Luftströmung dreht. Ist das Chaostheorie?«

Martienssen: »Ja, ein kompliziertes Beispiel.« Martienssen sagt, man könne das überall im Alltag finden: Das Chaos suche sich seinen Weg, und dies habe immer einen Sinn. »Ich will ein anderes Beispiel nehmen: das Quietschen von Bremssystemen. Von tausend Bremssystemen quietschen etwa zwanzig. Warum? Man weiß es nicht, man kann es nicht ändern. Ein lineares System reagiert plötzlich nicht so, wie es soll. In der Industrie ist das Quietschen ein großes Problem.«

Peitgen ergänzt: »Oder eben die Sache mit der Wettervorhersage. Sie können die mathematischen Maschinen noch so verbessern, noch so perfektionieren, das wird zu nichts führen. Das Wetter ist ein chaotisches System.«

»Heißt das: Man kann solch ein System nicht verstehen?«

Peitgen antwortet: »Nein, ein gewisser Rest bleibt immer ein Rätsel. Wenn Sie so wollen, muss sich die Diagnostik auf das Chaos einstellen.«

Zu mir: Ein Ordnungsprinzip in meinem Leben sind Rituale. Sie vermitteln Sicherheit, das ist das eine. Aber sie können noch etwas anderes: Sie vertiefen Empfindungen. Ich habe mich mit Freunden jahrelang immer samstagmittags in einem Suppenlokal auf dem Münchner Viktualienmarkt getroffen, nie länger als eine Stunde. Diese Treffen waren mal mehr, mal weniger anregend, wie das eben so ist. Die Qualität kam durch die Regelmäßigkeit. Eins plus eins ergibt plötzlich mehr als zwei. Es war, wie wenn man einen Moment immer wieder fotografiert, die Bilder aber erst lange danach entwickelt. Und sich diese irgendwann noch viel länger danach erst anschaut.

Später gehörte ich für einige Zeit zu einem Stammtisch, der sich am ersten Mittwoch im Monat traf. Auch das gab mir für eine gewisse Zeit ein gutes Gefühl. Doch irgendwann war Schluss damit. So wie das Viktualienmarkt-Treffen. Irgendwann weiß man, dass etwas beendet werden muss.

Ich hatte vor langer Zeit eine Freundin, sie war das, was man eine große Liebe nennt. Wir wollten das zementieren und feierten jeden Monat, immer am neunten, dem Tag, an dem unsere Geschichte begann. Ein wenig kitschig vielleicht, klar, aber ziemlich schön. Das Problem war nur, wir hielten an diesem Ritual auch noch fest, als die Flammen der Krise längst außer Kontrolle geraten waren. Heute denke ich, es war vielleicht das Symbol für das Scheitern unserer Beziehung: Wir schafften es nicht, etwas Altes in etwas Neues zu verwandeln.

In dem Film *Nackt* von Doris Dörrie gibt es eine schöne Szene, in der Heike Makatsch und Benno Fürmann über das Erkalten ihrer Liebe sprechen. Sie erzählen davon, wie sie beide immer sonntagmorgens *Die Sendung mit der Maus* anschauten. Frisch verliebt war das ganz, ganz wunderbar. Später war es dann noch lustig. Und irgendwann wurde es lähmend, aber sie guckten weiter, Sonntag für Sonntag. Sie hielten an einer Illusion fest.

Wenn Rituale Ordnung bedeuten, dann heißt in diesem Fall Chaos, etwas Neues zu versuchen, von dem man nicht weiß, wohin es führt. Speziell in der Liebe ist das Chaosprinzip lebensnotwendig. Auf die Frage, was denn das Geheimnis einer jahrzehntelangen Liebesbeziehung sei, sagt die renommierte Schweizer Paartherapeutin Rosmarie Welter-Enderlin: »Beide müssen leben, als wäre ihre Liebe ein Provisorium. Das Gefühl, sich sicher zu sein, ist in der Liebe immer etwas Schlechtes.«

Max Frisch hat das ähnlich formuliert: Je verliebter man sei, desto weniger wisse man über den anderen, man habe kein konkretes Bild vor Augen. In dem Augenblick aber, in dem man jemanden glaubt zu kennen, in dem man ein Bild in eine Schublade steckt, ist die Liebe unwiderruflich am Ende.

Man kann übrigens auch lässig mit Ritualen umgehen. Als ein Freund von mir heiratete, brachte ihm seine Ehefrau in der ersten Euphorie jeden Morgen ein kleines Frühstück ans Bett, Tasse Kaffee, zwei kleine Leberwurstbrote. Irgendwann wurde ihr das verständlicherweise lästig, und sie ließ sein Frühstück ausfallen. Es gab kein Problem, gar keins. Mein Freund, ihr Mann, bemerkte es nämlich gar nicht.

Die beiden Professoren sprechen inzwischen über das Prinzip Zahl. Und handeln damit ein Stück Wissenschaftsgeschichte ab – die schließlich bei der Chaostheorie endet. Peitgen erinnert an eine, wie er sagt, ziemlich großartige Figur, den guten, alten Pythagoras: »Den kennen ja alle von der Schulzeit her, aber was vielleicht nicht alle wissen: Pythagoras hatte zu seiner Zeit eine extrem kühne Sichtweise darauf, wie Naturwissenschaft zu betreiben sei. Pythagoras und seine Schüler wurden verfolgt, seine Dokumente wurden vernichtet. Spätere Generationen in der Antike haben seine Gedanken dann wieder zusammengetragen. Gemäß Pythagoras«, fährt Peitgen fort, »ist die Natur ein Zusammenspiel von Zahlen. Er sagte, wenn man die Zahlenreihen in der Natur fände, heute würde man das Naturgesetz nennen, dann verstehe man nicht nur die Natur, sondern man habe gleichzeitig einen Zugang zu dem, was man Schöpfung nenne. Es ist erstaunlich, dass sich diese fortschrittliche Vorstellung in der Antike dann durchgesetzt hat, trotz aller mystischer und religiöser Vorstellungen.«

Natürlich gab es vor allem im Mittelalter finstere Zeiten für das Prinzip Zahl, Naturwissenschaften hatten jahrzehntelang überhaupt keine Chance. Galileo Galilei sollte sogar auf dem Scheiterhaufen verbrannt werden, nur weil er behauptet hatte, die Erde drehe sich um die Sonne und nicht umgekehrt.

»Ja«, sagt Peitgen, »aber irgendwann kam Sir Isaac Newton, der Erfinder der Differenzial- und Integralrechnung, der große Vater der Mathematik. Und, mindestens so wichtig, Nikolaus Kopernikus, der gedanklich ein neues astronomisches Weltsystem schuf, welches die Sonne zum Mittelpunkt der Welt erklärte.« Peitgen schwärmt von diesem Mann und sagt: »Und dabei konnte er nur spekulieren, dann kam Johannes Kepler, der in einer gewaltigen mathematischen Konstruktion den Beweis für das Weltbild von Kopernikus erbrachte. Diese Keplerschen Gesetze wiederum dienten Newton später als Grundlage zur Herleitung der Gravitationstheorie – die er in seinem dunklen Kämmerlein entwickelte. Das muss ein wissenschaftliches Urereignis gewesen sein. Ausgehend von der reinen, präzise ausgeführten Mathematik, wird eine existenzielle Urfrage gelöst. Sir Isaac Newton hat die Idee der Bewegungsgleichung aufgebracht: Das ist eine Differenzialgleichung, die es erlaubt, den momentanen Zustand eines Systems in die Zukunft hineinzuprojizieren.«

Martienssen hält fest, dass wir damit wieder bei Pythagoras sind, bei dem Prinzip, die Natur ist Zahl. Dieses Prinzip bestimmt bis heute die Wissenschaft. Die Erkenntnis, dass man im pythagoreischen Sinne sagt, Leute, ihr müsst die kleinen Bausteine der Materie mathematisch begreifen, um die großen Phänomene zu verstehen: die Kernphysik, die Molekularbiologie, die Gentechnologie.

»Genug Geschichte, meine Herren. Welchen Platz hat da die Chaostheorie?«

»In meiner Jugendzeit dachte man noch«, sagt Peitgen, »dass man die Naturphänomene mit einem immer dichter werdenden Netz mathematischer Betrachtungen einfangen und verstehen könne. Aber inzwischen ist die Chaostheorie entwickelt, die besagt, dass es sozusagen große schwarze Löcher in diesem Netz gibt.«

Martienssen ergänzt: »Man hat nach und nach deutlicher erkannt, dass irgendetwas an diesem strengen mathematischen Weltbild nicht stimmt. Das genau ist der Ansatz der Chaostheorie: Es gibt zwar nichts, was nicht nach einem Naturgesetz funktioniert, aber diese Naturgesetze lassen witzigerweise einen Spielraum, wo dann der Zufall entscheidet. Man könnte es auch menschlicher ausdrücken: Jedes individuelle System hat die Möglichkeit, eine freie Entscheidung zu treffen. Man findet diese scheinbare Irrationalität überall, auch beim Pflanzenwachstum. Und die Natur, die Evolution, ist so großartig, dass sie auch den Menschen nach diesem Schema gebaut hat.«

Man müsse es leider – oder Gott sei Dank – so sagen, meint Professor Peitgen: »So einfach, wie sich Pythagoras die Welt vorstellte, funktioniert sie nicht.«

Und Martienssen fügt hinzu: »Mit dieser Vorstellung vom Zufall haben bis heute viele Physiker große Schwierigkeiten. Ganz besonders traf dies für Albert Einstein zu. Er hatte zwar als Erster solche Zufallsprozesse beobachtet, aber akzeptiert hat er das bis zu seinem Lebensende nicht. Für ihn war klar, dass hinter dem Zufall ein Gesetz stehen muss.«

»Also, meine Herren, ich habe verstanden: Die Chaostheorie besagt, dass in jedem System der Fehler schon angelegt ist. Gibt es denn irgendwelche Erkenntnisse über Gesetzmäßigkeiten innerhalb dieses Chaos?«

»Ja, viele«, antwortet Martienssen. »Der Ablauf eines Prozesses verläuft nach den Naturgesetzen. Bei nichtlinearen Systemen kann es aber beispielsweise passieren, dass es mehrere Lösungen einer Gleichung gibt, dann hat die Natur die freie Auswahl, dann spielt der Faktor Zufall eine Rolle.«

Eine Beobachtung aus dem Alltag: Kinder und alte Menschen scheinen das Prinzip Ordnung besonders zu brauchen. Je schwächer man ist, desto größer ist das Bedürfnis nach Sicherheit und desto größer der Wunsch, sich auf Beständigkeiten verlassen zu können. So bedeutsam die Welt der Fantasie für Kinder ist, so unbedingt angewiesen sind sie auf einen klar geregelten Alltag. Der Psychologe und Märchenforscher Bruno Bettelheim schreibt in *Kinder brauchen Märchen*: Mindestens so wichtig wie das Vorlesen von Märchen sei, dass dies zu geregelten Zeiten und möglichst immer von derselben Person geschehe. Alte Menschen kommen schon aus dem Gleichgewicht, wenn ein Handwerker ein paar Stunden in der Wohnung ist. Ein Ortswechsel steht für die meisten überhaupt nicht zur Diskussion. Müssen sie ins Altersheim, ist das oft eine Katastrophe. Verständlich, aber im Grunde auch irrational: Wenn der Mensch sich dem sicheren Tod nähert, kann er nichts weniger ertragen als Unsicherheit.

Doch es gibt auch Ausnahmen. Ich kannte einen Musikkritiker, schon weit über die neunzig, aber immer noch aktiv, der lehnte die Besprechung jedes Stücks ab, das er schon einmal rezensiert hatte. Seine Begründung: »In meinem Alter mache ich nur noch Dinge, die neu für mich sind.«

Wieder in dem Frankfurter Hotel. Wir reden über den amerikanischen Schriftsteller Michael Crichton, der in seinem Roman *Jurassic Park* die dramatischen Auswirkungen der Chaostheorie beschreibt: Ein größenwahnsinniger Millionär glaubt, er könne Dinosaurier züchten und sie in einem geschlossenen System halten. Der systemimmanente Fehler hatte hier besonders schreckliche Konsequenzen.

Martienssen sagt: »Ein sehr kluges Buch.«

Auch Peitgen ist ein Fan von Michael Crichton: »Besser und einfacher kann man das nicht erklären. Crichton hat das Wesen der Chaostheorie wunderbar veranschaulicht.«

Wir sprechen noch über andere Bereiche, an denen sich das Prinzip studieren lässt. Zum Beispiel die Wirtschaft.

Martienssen sagt: »Das, was man Planwirtschaft nennt, ist im Grunde nichts anderes als die Anwendung des naturwissenschaftlichen Prinzips Zahl auf die Ökonomie. Deshalb rechnete man dauernd in irgendwelchen Zehnjahresplänen herum, alle glaubten an die Mathematik. Doch leider funktionierte es nicht. Jede einzelne Maßnahme mag noch so richtig gewesen sein. Doch man hatte nicht berücksichtigt, dass ein System mehr als die Summe seiner Einzelteile ist. Ein System entwickelt eine Eigendynamik.«

»Der Kapitalismus spricht vom freien Spiel der Märkte.«

»Dem ist nichts hinzuzufügen«, sagt Peitgen. »Das ist die einzig richtige Methode. Man akzeptiert, dass man nicht alles regulieren kann. Aus der Sicht des Chaosforschers ist das die einzig sinnvolle Methode, Wirtschaft zu betreiben.«

Stichwort Ökologie.

»Ich muss immer lachen«, sagt Peitgen, »wenn Leute ganz panisch davon sprechen, dass die Natur aus dem Gleichgewicht geraten ist. Sie meinen damit ja, dass der Mensch dies mit seinen Umweltzerstörungen verursacht hat. Dem kann ich nur entgegenhalten: Gleichgewicht ist ein Begriff, der überhaupt nichts mit der Natur zu tun hat. Es wäre ihr Ende, wenn die Natur im Gleichgewicht wäre.«

Martienssen sagt: »Da kann ich Ihnen nur zustimmen. Die Natur ist immer in Bewegung, verändert sich ständig. Wenn man es leicht überspitzt ausdrücken will: Mal erblickt ein neuer Baum das Licht der Welt, mal passiert ein schreckliches Erdbeben.«

Stichwort Börse.

Peitgen: »Das ist ein interessantes Gebiet. Ich habe mir das in letzter Zeit etwas genauer angeschaut. Wenn man den Verlauf von Aktienkursen mal rein mathematisch betrachtet, über eine längere Zeit, dann stellt man tatsächlich fest: Sie folgen dem Zufallsprinzip. Was natürlich nicht heißt, dass der Aktienkurs allein dem Zufall unterliegt, er ist ja sehr wohl abhängig von Geschäftsentwicklungen. Aber wenn man viele Aktien beobachtet, dann ist es eben so.«

Das ist nicht so überraschend, die Börse folgt ja auch den Gesetzen des Glücksspiels.

»Bis vor einigen Jahren gab es große Unterschiede zwischen den amerikanischen und den europäischen Börsen, die Ergebnisse in den USA waren stärker von den Gesetzen des Zufalls geprägt. Das hatte folgenden Grund: Die USA setzten weit früher elektronische Medien an den Börsen ein, daher konnten die Daten viel schneller übermittelt werden. Inzwischen haben auch die Deutschen modernisiert. Und je moderner die Technik, desto mehr regiert auch hier der Zufall«, sagt Peitgen.

Eine letzte Frage an die beiden: »Fühlt man sich wohl als Chaosforscher?«

Peitgen: »Ich habe mich als reiner Mathematiker auch

wohl gefühlt. Aber diese Welt ist in sich geschlossen und damit einengend. Und durch die Chaostheorie hat sich mir eine neue, offene, spannende Welt erschlossen. Ich habe viele tolle Leute, auch Künstler, kennen gelernt.«

Martienssen: »Ich finde, dass die Chaostheorie etwas sehr Tröstliches hat. Weil sie vermittelt, dass das Leben etwas sehr Großes ist. Dass in der Unberechenbarkeit gerade für uns Menschen viel Hoffnung liegt. Schauen Sie, es gibt einen berühmten Physiker, der in der zweiten Hälfte des neunzehnten Jahrhunderts die Erkenntnis formuliert hat, dass alles, was in der Welt existiert, nach hinreichender Wartezeit den Wärmetod stirbt.«

Peitgen: »Diese Erkenntnis ist ihm persönlich nicht bekommen.«

Martienssen: »Das kann man so sagen. Er hat sich umgebracht, weil ihn diese Aussicht so deprimiert hat.«

Peitgen: »Hätte er damals schon von der Chaostheorie gewusst...«

Martienssen: »...hätte er dies vielleicht nicht getan. Zwar hatte er Recht, aber die Chaostheorie besagt, dass es auf dem Weg dahin durch die Kreativität, physikalisch ausgedrückt: durch lineare Strukturen, immer wieder die Möglichkeit gibt, neue Strukturen zu schaffen.«

Ein letztes Mal zurück zum Persönlichen: Vor einiger Zeit hörte ich einen Vortrag des bekannten, inzwischen verstorbenen Dokumentarfilmers Eberhard Fechner über seine Arbeit. Er erzählte, dass er beim fünfundzwanzigjährigen Abiturtreffen einer Schulklasse dabei gewesen war. Das Interessante war, dass alle damals zu Abiturzeiten in einem Aufsatz beschrieben hatten, was sie sich denn von ihrem Leben erwarteten. Einer von ihnen wurde sehr genau: Er wolle Ingenieur werden in einem großen Konzern, er wolle eine Frau und zwei Kinder, und er wolle ein Haus am Stadtrand haben. Und, fragte Fechner, wie lief das Leben bei ihm? Seine Mitschüler erzählten es: Er sei Ingenieur bei Siemens geworden, habe Frau und zwei Kinder und ein Haus am Münchner Stadtrand gehabt. Und dann? Ja, und dann habe er sich leider eines Tages aufgehängt, ohne jeden ersichtlichen Grund.

Fechner sagte in seinem Vortrag, seither wisse er, dass erfüllte Träume etwas Gefährliches sein können.

Vielleicht muss man aufpassen, dass einem das Leben nicht zu ordentlich gerät. Das mag es vielleicht nicht.

Wie viel Frau darf ich sein?

Kerstin Kohlenberg interviewt Renate Künast

Ganz zum Schluss unseres Gesprächs sagt Renate Künast noch etwas zum Thema zu sehr Frau, zu mädchenhaft sein. »Alle haben ein bestimmtes Bild davon, wie Führungspersonen auszusehen haben. Das hat etwas mit Respekt zu tun. Sie erwarten einen Anzug oder ein Kostüm, die ganze Gesellschaft tut dies. Wenn ich hier immer in Jeans und Blüschen rumlaufen würde, dann würde es einen Aufschrei geben. Und natürlich gehört dazu ein bestimmtes Auftreten.«

Mir wird ganz heiß. Meint sie damit mich? Ich gucke unweigerlich an mir runter. Ich habe den einzigen Anzug an, den ich besitze und den ich zu solchen Gelegenheiten immer anziehe. Weinrot, ein Geschenk, selbst hätte ich das Geld wahrscheinlich für ein Oberteil mit Fledermausärmeln ausgegeben und jetzt wirklich Grund zum Schwitzen. Und der Satz mit dem Auftreten? Mir fallen die hunderte von Stunden ein, in denen ich Interviews abgetippt habe, aufgezeichnete Gespräche, die für die Zeitung geführt wurden. Jedes Mal frage ich mich dabei, ob ich nicht wenigstens einen Satz klar herausbringen kann. Und jedes Mal bin ich erstaunt, dass mein Gesprächspartner zum Schluss doch kapiert, um was es mir geht. Und außerdem fällt mir ein Kollege ein, der mir gesagt hat: »Kerstin, wenn du im Job etwas erreichen willst, musst du weniger mädchenhaft werden.«

Renate Künast sitzt in ihrem riesigen Zimmer mit den

hohen Decken im Bundesministerium für Verbraucherschutz, Ernährung und Landwirtschaft. Im Rücken hat sie die Fenster zur Wilhelmstraße; könnte man durch die Luxus-Plattenbauten auf der anderen Seite schauen, würde man Peter Eisenmans Stelen des Holocaust-Mahnmals sehen und dahinter den Tiergarten und den Potsdamer Platz. Renate Künast trägt ein hellblaues Hemd, eine dunkelblaue Hose, Kette, dunkle, flache Schuhe, und wenn noch stimmt, was sie einmal in einem Interview erzählt hat, dann hat sie sich heute Morgen mit der Body-Lotion von Dr. Hauschka eingecremt, ist ihr Make-up von Bobbi Brown, riecht sie nach cK one oder Aroma Tonic von Lancôme und stehen ihr die Haare mit Hilfe von L'anza, einem amerikanischen Haargel, das nach Pfirsich duftet, zu Berge. Jetzt schält sie sich eine Banane, sie hat noch kein Frühstück gehabt. In der Ecke neben der Tür sieht es aus, als wäre gerade Weihnachten gewesen, überall auf dem Boden liegen selbst gebastelte Geschenke. Darunter sind ganz besonders viele Kühe, von Bauern und Fans. Dieses Jahr wird Renate Künast fünfzig Jahre alt, sie ist nicht verheiratet und hat keine Kinder. Sie schluckt die Banane runter, trinkt etwas grünen Tee und schließt das Thema »Wie viel Frau darf ich sein?« mit der Bemerkung ab: »Es gibt also Erwartungen an einen gewissen Dresscode. Das ist auch richtig so, aber dennoch sieht eine Frau mit achtundzwanzig heute nicht mehr so aus, wie die Jungs das zu Hause gelernt haben, nämlich wie ein Weib oder wie eine Dame. Frauen kommen heute – man würde sagen – mädchenhaft daher. Das ist nicht mehr identisch mit dem Klischee im Hirn der Männer.« Während sie das sagt, schaut Renate Künast die Unterlagen für den nächsten Termin durch, ruft etwas ins Vorzimmer und ist dann plötzlich einfach weg.

Als ich nach dem Gespräch nach Hause radle, überlege ich: Will ich ein Mädchen sein? Eine Frau, die nicht erwachsen sein will? In meinem Kopf spuken so viele Bilder rum, wie man als Frau zu sein hat und wie ich gerne sein möchte – Bilder, die, wenn ich sie alle an eine Wand hängen müsste, die Wand zum Einstürzen brächten. Diese Bilder sind im Kopf abgespeichert wie die verschiedenen Versionen eines Textes auf einem Computer. Und oft passen sie einfach nicht zusammen. Zumindest scheint es so. Mädchen und Karriere, Charme und Härte, Harmonie und Macht.

Mein erstes Bild nach der Schule? Es anders machen als meine Mutter.

Renate Künasts Bild am Ende der Realschule? Auch sie habe damals nur genau gewusst, was sie nicht will, sagte sie ganz am Anfang unseres Gesprächs. Sie hatte gruselige Vorstellungen davon, wie es weitergehen könnte. »Du hast einen Berufsabschluss, heiratest und kriegst Kinder. Und dann ist das Leben zu Ende. Du gibst dich selbst auf, die klassische Rollenverteilung Frau – Mann.«

Renate Elly Künast wurde am 15. Dezember 1955 als zweites von vier Kindern in Recklinghausen geboren. 1955, sie konnte das Datum gar nicht nennen, ohne darauf hinzuweisen, dass das weit über zwanzig Jahre vor der Familienreform war, durch die Frauen zum ersten Mal das Recht auf Unterhalt bekamen, wenn sie ihre Männer verließen. Ein Reflex, wie der eines Leistungssportlers, der, nach seinem Leben gefragt, vor allem von seinen großen Siegen erzählt.

Für Renate Künast und die meisten Frauen ein Sieg mit zwei Seiten: einer inneren und einer äußeren. Denn von außen sieht man nur die gewonnenen individuellen Freiheiten, von innen spürt man aber auch die ungeheuerlich gestiegenen Eigenleistungen der Frau. Wohin führt das? Zu mehr Autonomie oder zu weniger? Macht uns die Freiheit frei, oder bringt sie so viele Nebenwirkungen mit sich, dass sie uns eher krankt macht? Müssen wir die Freiheit lernen oder ihre Dosierung? Sind wir überhaupt noch frei in unserem Streben nach Freiheit, fragt der Soziologe Axel Honneth in seinem Aufsatz *Organisierte Selbstverwirklichung,* oder ist uns das Ideal des Individualismus und der Selbstverwirklichung zur zweiten Natur geworden?

Auf einer Tagung, auf der ich kürzlich war, wurden die Teilnehmer gefragt, welche der sechs Lebensbereiche Familie, Nation, Freunde, Hobbys, Arbeit und Träume für sie am meisten und welche am wenigsten Freiheit bedeuteten. Erstaunlich war, dass etwa die Hälfte Freiheit als die Abwesenheit von Menschen definierte, und daher verbanden sie Nation mit größtmöglicher Freiheit, da sie dort bei ihren konkreten Entscheidungen auf niemanden Rücksicht nehmen müssen. Wobei die wenigsten das als Idealzustand ansahen, Freiheit war für sie nicht unbedingt gleichbedeutend mit Glück. Für die andere Hälfte war Freiheit eng verknüpft mit Menschen, Glück und Sicherheit. Eine Situation, die sie vor allem in der Geborgenheit der Familie fanden. Freiheit war für viele Menschen nicht nur Freiheit von, sondern auch Freiheit für etwas.

In Recklinghausen war die Rollenverteilung 1955 folgendermaßen: Die Frau war für die Familie zuständig, und als die Kinder aus dem Haus waren, guckte sie, ob sie noch irgendwo eine Halbtagsstelle bekam. Renate Künasts Mutter arbeitete als Hilfsschwester im Krankenhaus, der Vater war Kfz-Mechaniker und später Chauffeur. Und wie eine Olympiasiegerin, die verständnislos und auch ein bisschen enttäuscht auf den schlaffen Nachwuchs guckt, sagte Renate Künast, dass diese Rollenverteilung zwar auf etwas höherem Niveau, aber immer noch häufig so zu finden sei. Sie höre oft von Frauen, die um die fünfundzwanzig seien und mit einem Lebensgefährten zusammenlebten – Renate Künast sagte tatsächlich Lebensgefährte und nicht Freund, dieses sperrige, verklemmte Wort, aber vielleicht ist das ein Symbol dafür, dass es für sie gleichwertig ist mit dem Begriff Ehemann –, diese Frauen erzählten ihr also oft, dass mit dem Freund im Studium noch alles toll gewesen sei, aber sobald beide anfingen zu arbeiten, seien die Männer sofort davon ausgegangen, dass die Frau den Haushalt machte. Renate Künast lehnte sich zurück, schob ihren Kopf so weit nach hinten, dass sie auf ein feistes Doppelkinn blickte, und mit tiefer Stimme jammerte sie: »O, ich muss so viel arbeiten, stöhn.« Dann befreite sie das Kinn wieder aus dem Schraubstock, so wie man einen besiegten Jungen auf dem Schulhof aus dem Schwitzkasten lässt, und rief ihm hinterher: »Obwohl beide die gleiche Arbeit haben! Die Männer erwarten das einfach, das ist ein Automatismus, den sie zum Teil noch in ihren Familien gelernt haben.« Und genau diese Vorstellung habe sie immer enorm beunruhigt.

Haben die Männer ihre Erinnerung also noch nicht verloren? Ich überlege, wie das bei den Jungs ist, die ich kenne: Da ist ein WG-erprobter Grüner mit Motorrad, der den neuen Namen seiner Frau angenommen hatte. Eine komplizierte Geschichte, denn um der Debatte: mein Name, dein Name, Doppelname, jeder bleibt bei seinem Namen zu entgehen, stellte sie einen Antrag auf Namensänderung. Der neue Name ist nun eine Art Fusion der beiden alten und klingt wirklich sehr schön, und diesen neuen Namen nahm er dann an. So kompliziert können die neuen Geschlechterrollen das Leben machen. Seitdem spricht sein Vater nicht mehr mit ihm. Den Erziehungsurlaub haben sie sich geteilt, beide haben ihren Job behalten.

Ein anderer Freund nahm ebenfalls den Namen seiner

Frau an, wieder ein anderer hatte den Erziehungsurlaub schon eingereicht, als sein Arbeitgeber ihm vor lauter Schreck über diesen Rollenwechsel eine feste Stelle anbot. Mit einer komplizierten Betreuungsregelung arbeiten auch dort jetzt beide. Wie es allerdings im Haushalt läuft, weiß ich nicht.

Aber natürlich kenne ich noch immer viel mehr Gegenbeispiele. In der Regel gibt die Frau ihren Job auf und arbeitet danach halbtags. In der Regel, weil sie weniger verdient, auch wenn sie einem ähnlichen Beruf nachgeht. Das Recklinghausener Modell, nur ohne Gelsenkirchener Barock. Bislang habe ich es noch nicht geschafft, das zu verstehen. Aber ich habe auch keine Kinder. Und immerhin wollte sogar Uma Thurman mit dem Töten aufhören, als sie in *Kill Bill 2*, dem Film von Quentin Tarantino, erfuhr, dass sie schwanger ist.

Für Renate Künast gab es zur Freiheit nie eine Alternative. Ihre Mutter wäre zufrieden gewesen, wenn die Tochter einen guten Hauptschulabschluss gemacht und dann eine Stelle in einem Büro, bei einer Bank zum Beispiel, angenommen hätte. »Aber das war nichts für mich, das war mir zu fisselig.« Ihr Bild von einer Bankangestellten bestand oben aus Dauerwelle, unten aus Faltenrock und, außer aus Nettigkeit dazwischen, aus nicht viel mehr.

Der Schlüssel zum Glück, sagte Renate Künast, liege darin, wie man mit seiner eigenen Unzufriedenheit umgehe. Und dieser Umgang könne durch Ereignisse, Personen oder auch durch den Zufall beeinflusst werden. Ihre Mutter habe zum Beispiel irgendwann gemerkt: Die Renate, die werkelt gerne, und habe sie daher zweimal in der Woche in eine Jugendwerkschule geschickt. »Man muss sich selbst erleben, dadurch lernt man sich kennen und weiß: Das kann ich, das kann ich nicht, und das ist die zwingende Voraussetzung dafür, dass man den nächsten Schritt machen kann. Kein Mensch stellt sich vor, in einen zehn Kilometer entfernten Ort zu gehen, wenn er entweder noch nie von diesem Ort gehört hat oder gar nicht weiß, wie man dahin kommt. Ich wollte als kleines Kind auch nie Sozialarbeiterin werden. Das wäre mir viel zu weit weg gewesen, das lag gar nicht in meinem Blickfeld.«

Die Kripo hingegen lag in ihrem Blickfeld. Das hätte sie nicht gleich in eine Rolle gezwungen, es war eine Männerdomäne, und es wäre ein Beruf gewesen, »in dem man sich richtig aufreiben kann«. Weil man immer mit der Frage ringt: Na, findest du es raus? Man muss sich anstrengen, um den Täter zu fassen, muss denken können und kreativ sein, sich in vielem auskennen und alles miteinander kombinieren können. Hört sich fast ein bisschen nach dem Beruf an, den sie jetzt macht. Das fand sie gut. Aber Abitur fand sie noch besser.

Schon die Erlaubnis, auf die Realschule gehen zu dürfen, hatte sie sich von den Eltern erkämpfen müssen, danach rang sie um das Fachabitur und die Fachhochschule. Ihre sechs Jahre ältere Schwester hatte das auch schon versucht, die wäre gerne auf die Handelsschule gegangen, aber sie hatte es damals nicht geschafft, sich gegen die Eltern durchzusetzen.

Die Frauen einer Familie. In meiner Familie lassen sich allein in zwei Generationen schon viele unterschiedliche Frauenbilder finden. Meine Mutter hat sich ganz klassisch um meine Schwester und mich gekümmert. Sie war sehr, sehr glücklich dabei und hat nie auch nur einen Gedanken daran verschwendet, ob sie ein anderes Leben glücklicher gemacht hätte. So häufig ich sie auch danach gefragt habe.

Sie zog aus Hannover zu meinem Vater ins Rheinland, damals war sie neunundzwanzig Jahre alt, erst einmal in eine eigene Wohnung. Sie litt wie verrückt unter diesem drückenden Klima, guckte sich trotz Kopfweh meinen Vater und die ganze Welt um ihn herum eine Weile an, ging jeden Tag zur Bank zum Arbeiten, und dann, als sie das Gefühl hatte, das könnte was werden mit diesem hübschen Geodäten aus dem Westerwald, sagte sie: Komm, lass uns heiraten. Ihr Kampf mit meinem Vater bestand zum größten Teil darin, uns die Freiheiten zu erlauben, und später, als sie kostspieliger wurden, auch zu ermöglichen, weil sie das für wichtig hielt. Und sie ertrug die Angst, die damit verbunden war: Nutzen sie die Freiheiten aus, oder lernen sie, damit umzugehen?

Meine Schwester ist nach ihrem Jurastudium wieder zurück nach Koblenz gezogen. Sie machte dort ihr Referendariat, fand eine Stelle und auch einen Freund. Die beiden leben seit einigen Jahren zusammen. Meine Schwester ist jetzt zweiunddreißig Jahre alt, sehnt sich nach Zukunft und wartet darauf, dass auch ihr Freund das tut.

Und ich? Mich hat diese innere Unruhe noch nicht verlassen, immer noch nicht, dabei bin ich zwei Jahre älter als meine Schwester. Ich habe noch nie mit einem Freund zusammengewohnt, und als das Thema einmal im Raum stand, da wurde es von uns beiden umkreist wie ein betäubter Panter, dem man lieber nicht zu nahe kommt, denn sonst tut er einem noch etwas. Vielleicht werde ich damit auf Dauer unglücklich. Zu lange gewartet, zu hoch gepokert, warum tue ich das?

»Das kann sich der Papa doch allein holen!« Das war der Satz, den ich zu Hause gleich nach »Jetzt lass mich mal ausreden!« am häufigsten gesagt habe. Eigentlich nicht gesagt, sondern eher genervt-beleidigt »geblökt«, zumindest fand das immer mein Vater. Wenn der dann auch gerade ein bisschen genervt-beleidigt war, dann wurde schnell gebrüllt und zurückgebrüllt. Trotzdem wurde mir in den großen Seminaren an der Uni immer kochend heiß, wenn ich etwas sagen wollte. Und groß hieß: mehr als fünfzehn. Ich sagte oft einfach nichts, und dann wurde mir vor lauter Wut noch heißer. Ich habe immer darüber gegrübelt, warum die Mädchen, egal, wo man hinguckte, zurückhaltend waren. Das war schon in der Schule so. Keine Ahnung, warum. Aber ich glaube, damals habe ich zum ersten Mal diesen Unterschied wahrgenommen. Und eigentlich hat mein Leben seitdem daraus bestanden, diesen nervigen, überaus ärgerlichen Unterschied in den Griff zu bekommen.

Ich fragte Renate Künast, ob sie das auch kenne, diese Schüchternheit. Eigentlich eine absurde Frage, wenn das Bild, das sie in den Medien abgibt, stimmt: sehr resolut, setzt sich immer durch. »Ach, wissen Sie«, sagte sie, »als ich 1999 als Spitzenkandidatin der Grünen in Berlin kandidiert habe, da hat mir eine Freundin gesagt, du musst jetzt eine öffentliche und eine private Renate definieren.« Renate Künast malte einen Kreis auf ein Blatt Papier und halbierte ihn mit einem Strich. »Sie hat mir erklärt: ›Der Kreis bist du, und du musst dich jetzt schützen. Wenn du weiterhin in der Öffentlichkeit stehst, wirst du merken, es wird Probleme mit sich bringen, wenn alle alles über dich wissen. Wenn sich der Rückzugsraum immer weiter verkleinert, weil dich jeder erkennt, dann brauchst du, um dich zu schützen, einen informellen Teil, den keiner kennt.‹ Sie hat auf den Strich gezeigt und gesagt: ›In die eine Seite packst du all die Informationen, die die Öffentlichkeit nicht von dir erfahren soll, aus deinem Privatleben, aus deiner Kindheit. Und in der anderen Seite ist der ganze Rest. Angst, dass das nicht authentisch ist, brauchst du nicht zu haben, denn das bist ja auch du.‹« Die Geschichte ihrer Schüchternheit, entschloss sich Renate Künast jetzt, konnte ruhig in den öffentlichen Bereich, und sie spulte die Zeit zurück zu jenem Schlüsselerlebnis zu Anfang ihres Sozialarbeitsstudiums.

Fachhochschule Düsseldorf, Renate Künast sitzt mit rund dreißig Leuten im Seminar, und es gibt eine komplett verworrene Diskussion. Einige in der Gruppe spielen sich unerträglich auf, indem sie ein Fremdwort nach dem anderen aneinander reihen. Ob sie das, was sie da sagen, verstehen? Daran hat Renate Künast heute so ihre Zweifel. Damals versucht sie, die ganze Diskussion über zu sortieren und zu begreifen, und irgendwann merkt sie, dass die Gruppe vollkommen aneinander vorbeiredet. Sag das!, schießt ihr durch den Kopf. Melde dich! Und genau in dem Moment setzt im Nacken dieses feine Zittern ein, so eins, von dem man glaubt, dass es auch vorn am Hals ganz gewiss zu sehen ist. Das bringt sie so sehr aus der Fassung, dass sie nur noch darüber nachdenken kann, ob sie sich jetzt überhaupt noch melden soll. Weil sich das Zittern ja bestimmt auch auf die Stimme legt, und außerdem kann sie sich angesichts der Fremdwörterflut wahrscheinlich nicht mehr vernünftig ausdrücken. Und sie überlegt und überlegt und überlegt, und dann meldet sich jemand anderes und sagt genau das, was sie sagen wollte. Er sagt ihren Satz! Und er wird danach geradezu stürmisch gefeiert. »Das hat dazu geführt, dass ich vom nächsten Tag an systematisch etwas an meiner Schüchternheit geändert habe. Ich habe bewusst daran gearbeitet. Seit diesem Tag im Seminar habe ich sehr, sehr genau auf solche Momente geachtet, ich habe mich bemüht und mich dann manchmal auch überwunden.«

Mein Seminar ist ein Traum, ein Traum, der mich seit meiner Kindheit verfolgt: Ich sitze hinter dem Steuer des weißen Audi 80 meines Vaters, das Auto fährt schon, aber ich kann nicht über das Lenkrad gucken. Ich versuche, aus dem tiefen Sitz zu kommen, denke, das kann doch nicht sein, dass das Auto zu groß für mich ist. Mir wird heiß, aber ich kann den Wagen nicht anhalten. Komischerweise verursache ich nie einen Unfall, und ich bilde mir ein, dass sich mit den Jahren, in denen ich den Traum nur träume, in den Traum so etwas wie Erfahrung eingebaut hat. Die Erfahrung, dass ich keinen Unfall bauen werde. So groß die Angst davor auch ist. Es ist ein komisches Gefühl, panische Angst gepaart mit der Ahnung eines guten Ausgangs.

Ich weiß nicht, wovon Renate Künast träumt, aber in unserem Gespräch erzählte sie von einer Begebenheit in Berlin, die sie heute noch verärgert. Damals war sie Abgeordnete der Grün-Alternativen Liste, der Vorläuferpartei der Westberliner Grünen. »Da war eine Journalistin, die hat mich, egal, ob ich das Gleiche wie die männlichen Kollegen gesagt habe oder etwas anderes, einfach nicht zitiert. Ich fragte mich: Was ist denn eigentlich los, warum nehmen die mich gar nicht wahr? Ich glaube, die nahm Politiker einfach ernster, trat ihnen respektvoller entgegen als einer jungen Frau.«

Als Renate Künast in Berlin in der Politik war, da war sie etwa so alt wie ich heute, dreiunddreißig Jahre. Heute wollen Frauen zu siebzig Prozent von Politikerinnen vertreten werden, unabhängig davon, ob deren Schwerpunkt Frauenpolitik ist oder nicht. Offenbar haben Frauen zu Frauen größeres Vertrauen, da sie gleiche Erfahrungen gemacht haben.

1976 ist Renate Künast nach Berlin gezogen. Wenn man schüchtern sei, sagte sie, dann neige man dazu, sich entweder mit ein paar Witzen zu retten oder sich mit anderen zusammenzutun, die das Reden schon können. Danach habe sie immer gesucht. Sie studierte Jura, wurde 1979 Mitglied bei der Grün-Alternativen Liste, lernte die grünen Anwälte Hans-Christian Ströbele und Otto Schily kennen, arbeitete im Bereich Straf- und Ausländerrecht, saß von 1985 bis 1987 im Berliner Abgeordnetenhaus, 1990 wurde sie Fraktionsvorsitzende, 1998 nahm sie an den Koalitionsverhandlungen der Grünen mit der SPD nach dem Regierungswechsel teil und trat 1999 als Spitzenkandidatin der Grünen in Berlin an. 2000 wurde sie zusammen mit Fritz Kuhn Vorsitzende der Bundespartei und übernahm 2001 nach dem Rücktritt von Gesundheitsministerin Andrea Fischer und Landwirtschaftsminister Karl-Heinz Funke das neu gestaltete Bundesministerium für Verbraucherschutz, Ernährung und Landwirtschaft.

Das sind die öffentlichen Stationen, in denen sie mit sich als Frau und mit den Männern rang. Und die privaten? Leben mit Männern war in den Siebzigern, wenn überhaupt, nur in einer Wohngemeinschaft möglich. Denn damals, sagte Renate Künast, hätten sie versucht, die alten Rollen abzulegen. »Weil unser Zusammenleben auf der Gleichheit der Geschlechter beruhte.« Sie sagte das fast ein bisschen wehmütig. In der Wohngemeinschaft wohnten immer vier oder fünf Leute. Wenn einer krank war, kümmerten die anderen sich um ihn, wenn einer Examen hatte, übernahmen die anderen seine Hausarbeiten. »Für mich war die WG-Zeit eine Phase, die mich sehr stabilisiert hat. Ich habe Antworten auf die Fragen gefunden: Welche Rolle habe ich? Was will ich machen? Worauf lege ich wert? Es hat ja auch für Frauen unglaublich viele Varianten gegeben. Ich hatte immer Gräuel davor, in eine Unterordnungssituation reinzukommen.«

Viele Frauen seien lange allein stehend gewesen, sagte Renate Künast, und ich hatte das Gefühl, sie sprach nicht nur über die Frauen im Allgemeinen. Es sei eben unglaublich schwierig, einen Lebenspartner zu finden, der mit einer Frau klarkommt, die deutlich sagt: Beruf gilt für mich genauso wie für dich. Denn es sei ja immer noch so, dass die Männer glaubten, die Frauen ordneten sich unter und steckten zurück, wenn es um das Kinderkriegen gehe. Oder um die Möglichkeit, dass der Mann einen gut bezahlten Job an einem anderen Ort bekommt. »Die fallen ja heute noch alle vom Stuhl, wenn man ihnen sagt: Dann nimm du den Erziehungsurlaub. Aber Kinder finden sie natürlich ganz toll.« Ein Prozent aller Männer gehen in Erziehungsurlaub. Die anderen sagen, es schade der Karriere, sie sagen, sie verdienten mehr Geld. »Ich kenne das aus eigener Erfahrung«, sagte Renate Künast. »Dass da jemand gleich glaubt, er würde nicht mehr geliebt, nur weil ich gesagt habe: Ich habe jetzt keine Zeit.« Anfang der Neunzigerjahre war die WG-Zeit beendet. Irgendwie, sagte sie, habe man mit vierzig dann doch mehr Ansprüche.

Eins ist komisch an der Sache mit der Emanzipation. Auf der einen Seite bleibt ein Viertel aller Frauen in Deutschland mittlerweile kinderlos, von denen, die studiert haben, sind es sogar vierzig Prozent. Auf der anderen Seite gibt es immer noch nur sechzehn Prozent Frauen in den oberen Führungsetagen. Wie passt das eine zum anderen?

In der *New York Times* erschien im Oktober 2003 ein langer Artikel, der *The Opt-Out Revolution* hieß, die Ich-entscheide-mich-dagegen-Revolution. Darin wurde dem Phänomen nachgegangen, warum gerade die Generation der Frauen, die alle Möglichkeiten haben und die besten Ausbildungen, sich gegen Karriere entscheidet. Dazu muss man sagen, dass das Niveau, auf dem in den USA der Frauenmangel beklagt wird, im Vergleich zu Deutschland ziemlich hoch ist. In den USA sind vierzig Prozent des Managements weiblich, nur in den höchsten Positionen wie den Vorständen der Firmen oder Präsidien der Universitäten sind Frauen immer noch selten. Die *New-York-Times*-Autorin Lisa Belkin schildert eine Szene in einem Café, kurz nachdem die Pendler zur Arbeit gefahren sind. Überall sitzen Mütter, die ihren Kaffee trinken und dabei ihren Kindern beim Spielen zuschauen. Wenn man sich die internetfähigen Handys wegdenken würde, schreibt sie, dann erinnere diese Szene an die Fünfzigerjahre, nur mit dem Unterschied, dass diese Mütter alle einen Universitätsabschluss haben. Wie es dazu kommen konnte? Die Autorin begründet das damit, dass Frauen sich von der männlichen Definition von Erfolg emanzipiert haben. Für Männer sei Erfolg gleichbedeutend mit Macht und Geld. Für Frauen habe das lange Zeit geheißen, wenn sie erfolgreich sein wollten, mussten sie zum Mann mutieren. Nun aber hätten die Frauen Erfolg neu definiert: Erfolg sei Erfüllung, Ausgeglichenheit, Zufriedenheit. Auf die Frage, warum die Frauen nicht die Welt regierten, antwortet sie: Vielleicht weil sie es einfach nicht wollen.

Als ich diesen Satz las, hätte ich mich beinahe verschluckt. Kann es etwa sein, dass wir selbst schuld sind?

In Deutschland waren im Jahr 2001 sechsundvierzig Prozent der Hochschulabsolventen Frauen, und gerne wird in Artikeln dann noch erwähnt, dass sie im Durchschnitt die besseren Examen hatten. Und dennoch sind nur 11,2 Prozent der Professoren und nur 32,2 Prozent der Abgeordneten im Bundestag weiblich. Der Frauenanteil im Management liegt in etwa bei 16 Prozent, bei den führenden Managerinnen sogar nur bei 3,7 Prozent. Ihre Unauffälligkeit hilft ihnen nur in einem Bereich: im Gefängnis, dort sind nur 4,5 Prozent der Strafgefangenen weiblich.

Das wissen wir alles schon lange, es ist ein bisschen so wie mit der Umwelt, der geht es auch schon lange schlecht, und das will man ebenfalls nicht immer wieder hören, weil es so langweilig ist.

Wollen wir vielleicht gar nichts ändern? Als Frau mit Macht, sagte Renate Künast, müsse man einige Dinge beachten, aber vor allem müsse man eines wissen: »Man muss ein Schwein sein können. Man muss sich verhalten wie ein Alphatier, das auf die klassischen Respektssymbole achtet, die nach Knigge und im Rahmen von Hierarchien gelten. Die Körpersprache muss ausstrahlen: Hier sitze ich, hier wird diskutiert, und am Ende wird entschieden, und zwar von mir. Ob sie das will, das muss sich natürlich jede Frau selbst überlegen, denn man lässt schon viel auf dem Weg zurück, wenn man sich für dieses Leben entscheidet.« Ein Kollege habe ihr einmal gesagt, für so ein Leben müsse man Hornhaut auf der Seele kriegen. »Man muss als Ministerin aus einem komplexen Thema die ein, zwei wichtigen Fragen isolieren können und die Aufgaben dann delegieren. Du kannst dieses Haus mit seinen tausend Mitarbeitern nicht einfach vor sich hinpusseln lassen. Führung bedeutet ja zu sagen, wohin die Reise geht, und dann zu signalisieren, wie viel Spielraum die anderen haben. Führung heißt, dass du lernst, dich mit einer kleinen Gruppe von Mitarbeitern im engeren Umfeld zu umgeben, die immer an dich rankommen, die die Infos filtern und denen man vertraut. Man erstickt sonst in den Details, man darf sich oft gar nicht auf die Details einlassen, das führt natürlich zu einer enormen Rationalisierung des Alltags. Und das verändert einen. Man muss sich unheimlich bemühen, wieder runterzukommen. Da brauche ich das kalte Tauchbecken nach der Sauna, um das Tempo im Hirn zu verlangsamen.«

Und genau das sei es, was Frauen an der Macht abturne, schreibt Lisa Belkin. Macht sei aggressiv, und für viele Frauen sei dies negativ. Eine Untersuchung des amerikanischen Umfrageinstitutes Catalyst ergab, dass sechsundzwanzig Prozent der befragten Frauen, die nicht auf der obersten Führungsebene arbeiten, dort auch gar nicht hinwollen. Und von den hundertacht Frauen, die auf der Liste der fünfzig mächtigsten Frauen in Amerika stehen, haben mindestens zwanzig ihre Position im letzten Jahr aufgegeben, schreibt das Magazin *Fortune*. So wie Brenda Barnes, CEO für Pepsi Nordamerika, die zurück nach Illinois gezogen ist, um sich um ihre Familie zu kümmern.

Den Grund dafür, dass die Frauen in Deutschland sich weder für Karriere noch für Kinder entscheiden, erklärt das allerdings nicht. Hier scheinen sie alle schon auf der Hälfte der Strecke stecken zu bleiben. Stecken sie da aus freiem Willen, oder kleben sie fest in ihrer Sozialisation?

Ein großer Teil des Problems, sagte Renate Künast, sei sicherlich die Sozialisation. Zum Beispiel die Kommunikation. Frauen kommunizieren einfach anders. Sie beziehen sich viel mehr aufeinander, statt sich nur auf die Schultern zu klopfen. »Männer reden auch viel lauter, sie unterbrechen viel schärfer, sie sitzen breitbeinig am Tisch und machen ausladende Handbewegungen, affig eigentlich. Zu uns passt das körperlich gar nicht. Wenn wir das machen würden, dann würden alle denken, was ist denn mit der los? Und dennoch müssen wir darauf achten, dass wir unseren Claim abstecken und dass wir uns nichts abnehmen lassen.«

Die engsten Mitarbeiter von Angela Merkel: Frauen. Auch Hillary Clinton hatte im Weißen Haus ein ganzes Hillaryland voller Frauen. Obwohl der Journalist Joe Klein schreibt, dass etliche Bewohner in Hillaryland wegen des Leistungsdrucks, den Hillary Clinton ausübte, unter dem Tippi-Hedren-Syndrom litten – »sie sahen aus, als fürchteten sie, im nächsten Augenblick von Hitchcocks Vögeln angegriffen zu werden« –, so räumt er ein, dass keine ihrer Mitarbeiterinnen sie je verraten oder im Nachhinein eine Nichts-als-die-Wahrheit-Enthüllung geschrieben hat. Und nur zwei der sechzehn Mitarbeiterinnen verließen in den acht Jahren ihr Büro. Künasts Büro ist männlich, ihre engsten Mitarbeiter: drei Staatssekretäre. Erst die leitenden Referenten sind Frauen.

Wann entscheiden sich Frauen für die Macht? Condoleezza Rice, die neue amerikanische Außenministerin, hat einmal gesagt, die Tatsache, dass sie ihr Leben nicht so geplant habe, habe es ihr erlaubt, die Drehungen und Wendungen, die das Leben genommen habe, zu akzeptieren. Nicht sie habe die Macht gesucht, sondern die Macht habe sich Rice gesucht.

Ich fragte Renate Künast nach dem Moment, als man ihr das Ministeramt antrug. Überlegt man dann, dass mit gewissen Freiheiten Schluss sein könnte, will man das, kann man das – was geht einem durch den Kopf? Sie habe damals gar keine Zeit gehabt, sich das im Einzelnen zu fragen, sagte Renate Künast. Nach dem BSE-Skandal, da musste alles ganz schnell gehen, auch ihre Entscheidung, »sonst wäre die Tür wieder zugegangen und wohl so schnell keine andere mehr auf. Dann hätte ich mich ins Aus katapultiert, dann hätte ich in null Komma nichts in der letzten Reihe gesessen.« Wenn man in der Bundespolitik aber nicht ganz hinten sitzen wolle, dann müsse man sich ohnehin Woche für Woche überlegen: Bin ich bereit, den nächsten Schritt zu gehen? Wie immer der konkret aussehen mag.

Wie ernst muss man also die Theorie der gläsernen Decken nehmen, die besagt, dass Frauen zwar in die Chefetagen gucken können, es aber nie selbst dorthin schaffen werden, da eingefahrene Strukturen sie davon abhalten?

Renate Künast sagte, ohne die Quote wäre sie nicht da, wo sie jetzt ist. Und Kinder, hat sie niemals vorgehabt, eine Familie zu gründen? Familie sei nie ein Thema für sie gewesen. »Ich habe aber auch nie eine Entscheidung gegen Kinder getroffen. Ich habe mich immer in Rollen gefunden, in denen ich versucht habe, mich weiterzuentwickeln, Dinge zu tun, die ich interessant finde.«

Nachdem sie in Berlin angekommen war, arbeitete Renate Künast im Tegeler Gefängnis und schloss sich der Antiatomkraftbewegung an. Sie nahm teil an Gebärstreiks, womit dem Staat symbolisch der Nachwuchs verweigert wurde. Denn es muss wohl erst das letzte Kind geboren werden, damit eine Gesellschaft umdenkt. Je schneller das passiert, desto besser, dachten sie. Aber wie das mit der Radikalität eben so ist: Manche der Protestierenden waren gerade erst Mutter geworden.

Ist Renate Künast wütend auf die Männer, deren Frauen keine Karriere machen, sondern das Zuhause organisieren, sodass sie sich abends neben Frau und Kindern aufs Sofa fallen lassen können? Sie überlegte und sagte dann: »Wer so was nicht hat, hat es unglaublich schwer. Wenn man nachts um zehn oder elf Uhr nach Hause geht und mit sich allein ist, dann bleibt man immer in dem Problemgerüst, das den Kopf wie eine Schraubzwinge umgibt. Man braucht ein Gegenüber, das andere Erlebnisse hat, um einen auf andere Gedanken zu bringen, nur so kann man entspannen und am nächsten Morgen einen neuen Blick auf die eigenen Probleme und Themen werfen. Ich glaube, dass frau in der Karriere nicht weit kommt, wenn sie sich diesen Background nicht auch irgendwie schafft. Hemd und Anzug kann man in die Reinigung bringen, aber dass jemand zu Hause sitzt und Freunde zum Essen einlädt, diese Sozialarbeit müssen wir ja sonst neben dem Job auch noch selbst leisten. Karrierefrauen müssen sich den Mann oder die Frau ihres Lebens suchen – sie müssen natürlich versuchen, die Rollen anders zu verteilen, sie nicht einfach umzukehren. Ich habe gemerkt, dass es unheimlich belastend ist, wenn man ab einem bestimmten Grad an Stress niemanden hat, der einen auffängt.« Renate Künast hielt kurz inne und schob schnell nach: »Das heißt jetzt aber nicht, dass ich immer Single war.« Dann hielt die öffentliche Renate der privaten schnell wieder den Mund zu.

Die Umkehrung des Rollenmodells scheint aber immer noch das praktikabelste zu sein. Ein Drittel der Top-Fünfzig-Frauen in den USA haben Hausmänner. Wer auf Karrieremänner steht, der hat es etwas schwerer.

Hat sie die Macht als Frau verändert? Ihre Grundpersönlichkeit habe sich nicht geändert, antwortete Renate Künast und guckte auf die Uhr. Mittlerweile gäbe es ja auch mehr Frauen, die so seien wie sie, etwas androgyner.

Zu Hause ziehe ich meinen weinroten Anzug aus und die Jeans an. Ich konnte es noch nie leiden, wenn mir jemand gesagt hat, was ich anziehen soll.

Woher kommen die Bilder in unseren Köpfen?

Kerstin Kohlenberg sucht den Soziologen Peter Gross auf

Das erste Mal begegnete mir Peter Gross in einer Buchhandlung in Berlin. Er war ganz grün, so ein helles Grün wie das der Bezüge in den Regionalzügen der Bahn. Ich war schon oft hier gewesen, in der Ecke, in der die Soziologen und Philosophen herumstanden, Etablierte und Außenseiter einträchtig zusammen. Immerhin kannte ich sie alle aus dem Studium, na ja, die meisten vom Namen und einige ein bisschen besser. Aber es war gar nicht so leicht, den Kontakt aufrechtzuerhalten, denn diese Leute waren alle »high maintenance« – das sagt man in den USA zu Frauen, die viel Aufmerksamkeit brauchen.

Peter Gross hatte ich hier noch nie gesehen. Er stand zwischen Erving Goffman und Jürgen Habermas, und auf seinem Rücken stand groß *Ich-Jagd*. Ich tippte ihm also auf die grüne Schulter. »Seit Gott im Sterben liegt, erlebt das Ich seinen Höhenflug«, erzählte er auf der ersten Seite. »Der Prozess der Modernisierung hat es gehärtet und gestählt. Heute weiß es nicht mehr so recht, wo und was es ist. Es ist bei der Anstrengung, es selbst zu werden, sich selbst abhanden gekommen: Individualisierung hoch zwei. Sich selbst verausgabend, erzeugt es eine Bilderflut von sich, strampelt sich ab in Selbstbeschreibung und jagt den selbst entworfenen Möglichkeiten nach. Was ist das Ich im 21. Jahrhundert?«

An diesem Tag gingen wir zusammen nach Hause, und

seitdem nehme ich, immer wenn ich ein bisschen ratlos bin, das grüne Buch zur Hand.

Ich wähle seine Nummer an der Hochschule von St. Gallen in der Schweiz. Es ist Sonntag, kein optimaler Tag, um jemanden zu stören, aber wenn er in der Universität ist und arbeitet, denke ich, dann ist das okay.

Eine Dame sagt: »Gross?« Das hört sich nicht nach Büro an.

»Guten Tag, mein Name ist Kerstin Kohlenberg, dürfte ich bitte, ähm, Ihren Mann? – sprechen?«

»An einem Sonntag?«, sagt die Dame.

»Entschuldigen Sie, ich dachte, ich hätte seine Nummer in der Universität gewählt. Ich kann auch morgen noch einmal anrufen.«

»Na, is scho guat. Peter!«

Peter Gross ist mit acht Geschwistern aufgewachsen. Im Toggenburg, im Kanton St. Gallen, und nach St. Gallen ist er vor fünfzehn Jahren auch wieder zurückgekehrt. Er hat Soziologie, Nationalökonomie und Betriebswirtschaftslehre studiert und zehn Jahre zusammen mit Ulrich Beck und Gerhard Schulze Soziologie in Bamberg gelehrt. 1994 hat er *Die Multioptionsgesellschaft* geschrieben, 1999 die *Ich-Jagd*.

Wir treffen uns eine Woche später in der Bar des Radisson-Hotels gegenüber dem Alexanderplatz in Berlin. Peter Gross ist wegen eines Kongresses am nächsten Tag hier. Es ist kurz nach neun, als er durch die Drehtür eintritt. Er kommt von einem Abendessen im Staffelgeschoss der Dresdner Bank mit der FDP, die Abschied nehmen will von der Spaßgesellschaft. Es ist nicht nur wettermäßig ziemlich frostig geworden in Deutschland. In Gross' Manteltasche steckt schräg eine Flasche Wein, er zieht den Mantel aus, darunter trägt er einen Anzug mit Weste. Wir setzen uns hinter das blaue, meterhohe Aquarium, es läuft elektronische Barmusik, Ambient. Hier ist es warm. Gross bestellt einen Weißwein und zündet sich eine Zigarette an. Nebenan sitzen vier arabische Frauen. Eine Szene wie aus dem Film *Lost in Translation* von Sofia Coppola. Was liegt da in einem Moment melancholischer Ausnahmesehnsucht näher, als über die Atemlosigkeit und Ratlosigkeit zu sprechen, mit der wir unseren Bildern vom idealen Ich, vom idealen Leben hinterherflitzen?

Die Epochen der Ich-Geschichte, schreibt Gross in seinem Buch, lassen sich danach unterscheiden, in welcher Form das zweite Ich, das Ich der Möglichkeiten, der Wünsche, der Träume, das Ich, das all das in sich vereinigt, was man nicht ist, aber sein möchte, gesehen wird. Woher aber kommen die Bilder im Kopf der Menschen vom idealen Leben?

»Der Mensch lebt mit der Vorstellung von Vervollkommnung«, sagt Peter Gross, und sein Schweizer Akzent, der jeden Satz wie eine Frage klingen lässt und dennoch wie die warmen Wellen eines Aquariums um einen herumschwappt, legt sich angenehm über den Abend.

Sehnsucht und Unruhe, das sind der Stachel oder die Mitgift – je nachdem, wie man es nennen will –, womit der Mensch geboren ist, schreibt Gross in seinem Buch. Er ist ein riskanter evolutionärer Versuch. Als hätte Gott etwas gentechnisch verändert, dessen Verbreitung er nachher nicht mehr kontrollieren kann. Weder durch Paradiese noch durch Käfige. Das ist nicht die Schuld des Menschen, der Mensch ist wie infiziert, er kann dieses Stigma nur bearbeiten und in eine Form bringen. Die Kulturkreise, deren Kampf wir derzeit nicht mehr nur zwischen den Buchdeckeln erleben, haben unterschiedliche Arrangements hervorgebracht, um die Erfahrung des Mangels und des Wollens zu kultivieren.

»Der Gedanke eines vollkommenen Gottes«, sagt Gross, »der alles ist, was der Mensch nicht ist, beruht ebenso darauf wie die Vorstellung eines vollkommenen Tieres, das eingespannt ist in seine Instinkte, jede Situation in der immer gleichen Weise meistert, ohne darüber nachzudenken. Der Mensch wird daher in den Mythen entweder als abgefallen von Gott, als vertrieben aus dem Paradies oder aber herausgesprungen aus der Evolution der Natur gedeutet. Deshalb will er entweder werden wie Gott oder zurück zur Natur.«

Beide Vorstellungen findet Peter Gross zweifelhaft. Die christliche Idee dagegen operiert mit zwei Welten und vertagt das Glück und die Vollkommenheit ins Jenseits. »Dadurch erreicht sie«, sagt Gross, »in einer nur mehr aus der Diesseitigkeit bestehenden Welt selten gewordene Gelassenheit und Würde.« Gross lehnt sich im Sessel zurück und stößt mit dem Kopf beinahe an eine der arabischen Frauen. »Diese ebenso elegante wie komplexe Konstruktion ist den meisten von uns so gleichgültig geworden, dass sich meine alte katholische Mutter den Muslimen, die sich fünfmal täglich nach Mekka verneigen, näher fühlt als uns«, sagt er. »Anders mag es vielleicht nur noch in den USA sein, wo ein Präsident gewählt ist, der unverdrossen mit Gott redet.«

»Die Religionen sind Seufzer der bedrängten Kreatur«, schreibt Gross, zitiert damit Marx und zweifelt daran, dass der Mensch die Vorstellung einer jenseitigen Erlösung wieder beleben kann. Der moderne Mensch will lebendigen Leibes in den Himmel. »Er setzt sich auf den leer gewordenen Stuhl Gottes und krönt sich, jeder ist sein eigener kleiner Napoleon«, sagt Gross. »Diese irdische Vervollkommnungsvorstellung auch des modernen Bewusstseins wurzelt im christlichen Heilsglauben, sie bleibt von ihm abhängig wie ein entlaufener Sklave von seinem entfernten Herrn. Und sie hat neben Segen auch unsägliches Leid über die Welt gebracht. Nicht nur durch Kriege, die in ihrem Namen geführt worden sind, sondern durch das Gefühl der Schuld und des Ungenügens. Aber der Mensch ist und bleibt gegenüber Gott und dem Tier ein Mängelwesen. Er kann aber diese Unvollkommenheit mit einem Sinn versehen. Er kann in dieser Unvollkommenheit seine Möglichkeiten entdecken. Seinen evolutionären Vorteil sehen. Ohne diesen Stachel gäbe es nämlich keine Abfolge der Kulturen, keine Geschichte.«

»Aber was ist mit der Mehrheit der durchschnittlich Begabten?«, frage ich. »Die, die weder die Geschichte noch ihr eigenes Leben voranbringen.«

Sie scheinen sich angesichts der ständig zunehmenden Optionen immer mehr in sich selbst zurückzuziehen und Antworten und Sinn in sich selbst zu suchen. Und während dieser permanenten Introspektion merken sie irgendwann, dass sie mit einer zunehmenden Leere konfrontiert sind. Man könnte zu diesem Stadium auch Depression sagen. »Nun können nicht alle etwas Besonderes aus sich machen«, sagt Gross. »Und nicht wenige sind den Anstrengungen der Freiheit überhaupt nicht gewachsen, wie schon der Großinquisitor in Fjodor Dostojewskis gleichnamiger Parabel warnt. Die Mehrheit der nicht überdurchschnittlich Begabten wird andere Lichtungen finden, als die Menschheit mit großartigen Schöpfungen zu beglücken«, sagt Gross. Selbstverwirklichung, Identität, Ich-AG ohne Aktienausgabe. Identität, so könne man Albert Camus paraphrasieren, sei die einzige Form von Besitz, den die Moderne ihren Knechten verspricht. Die permanente Introspektion. Selbstbrütung, wie Hegel das nennt.

»Die Vorstellung des autonomen Menschen ist für viele Menschen eine Überforderung«, sagt Peter Gross. Kants kategorischer Imperativ – »Handle so, dass die Maxime deines Willens jederzeit zugleich als Prinzip einer allgemeinen Gesetzgebung gelten könne« – sei eine groteske Überforderung. Heute würde Immanuel Kant die Frage: Was ist Aufklärung? vielleicht anders beantworten. Aufklärung ist heute die Rettung des Menschen aus seiner selbstverschuldeten Mündigkeit, nicht Unmündigkeit.

»Wenn man die Distanz zwischen dem Wirklichen und dem Möglichen gleichsetzt mit der Differenz zwischen Unzufriedenheit und Glück, welche Hoffnung gibt es dann für die weniger Mutigen, glücklich zu werden?«, frage ich Peter Gross. »Und überhaupt – kann man die Differenz jemals aufheben?«

»Eine Identität gelingt«, meint er, »wenn ein Mensch die Differenz zwischen Wirklichkeit und Möglichkeit erträgt. Ihr nicht nur heroisch standhält, sondern aus der Differenz Kraft schöpft. Und sich darüber bewusst ist, dass die Distanz zwischen dem, was ist, und dem, was sein könnte, im Prinzip immer gleich bleibt. Für Arm und Reich. Für Jung und Alt.« Man müsse lernen, als Mensch mit dieser Differenz oder diesem Vermögen zu leben. Noch auf dem Totenbett würden wir uns fragen, was wir alles nicht gemacht haben, was wir hätten tun können. Wir müssten akzeptieren, dass der Mensch immerzu oszilliert zwischen dem, was ist, und dem, was sein könnte. Man möchte anderes, man möchte mehr, man möchte zurück oder, wie derzeit, vorwärts: in die Zukunft. Das sei menschengemäß, das sei anstrengend, aber es mache auch glücklich. Die Rede von Selbstverwirklichung beinhalte diese Allmachtsvorstellung vom Ich, das seine Identität findet, sich mystisch mit sich selbst verschmilzt, sagt, ich bin ich – wie Gott. »Gute Therapien«, sagt Gross, »trainieren Menschen, Differenz auszuhalten, Leid, Sehnsucht, Mängel, Krankheit, den Tod. Freund Hein, wie der Tod von Jean Paul genannt wird, dem wir nur einmal im Leben begegnen, lässt sich nicht verwalten wie der in eine Fastnachtsgesellschaft hineinplatzende Tod in Monty Pythons Film *Sinn des Lebens*. Die Differenz zwischen Leben und Tod bleibt immer bestehen. Weil sich Freund Hein nicht besiegen lässt, ist er kein Feind, sondern jemand, der uns besucht oder heimsucht.«

Während Peter Gross über den Tod redet, setzt sich hinter uns ein Dutzend Teilnehmer des Thrombose-Kongresses, der hier im Hotel stattfindet. Man erkennt es an den Ansteckern, die sie an den Jacken tragen. Die Musik verschluckt das Stühlerücken. Noch eine Stunde, dann ist Mitternacht, und ich frage mich, ob man wirklich im Angesicht von Grenzen und Einschränkungen gelassener sein kann. Nur noch vier Stunden Freizeit, nur noch vierzig Jahre zu leben, nur noch zehn Jahre, um Kinder zu kriegen. Im Grunde heißt das ja nichts anderes als die Disziplinierung von Lebensabläufen. In einer Zeit, in der man jedoch lernt, dass alles korrigierbar ist, der vergessene Einkaufszettel – ruft man eben zu Hause an –, die fehlende Orientierung – schaltet man eben das Navigationssystem an –, ist das gar nicht so leicht.

»Jeder weiß«, sagt Gross, »dass er vieles in Bezug auf seine eigene Person nicht machen kann. Man kann ja oft nicht einmal seine Stimmungen beherrschen. Plötzlich ist man in einem Tief, dann wieder in einem Hoch.« Sein neues Buch, an dem er gerade arbeitet, bestehe eigentlich, wie er sagt, auch aus einer Reihe von Fehlgeburten. »Denn Tief und Hoch wechseln auch beim Schreiben. Das muss man ertragen können und gleichzeitig akzeptieren, dass uns jemand, Gott oder die Evolution, dazu bestimmt hat, sich Gedanken zu machen über diese Spanne zwischen Wirklichkeit und Möglichkeit. Diese Vorentschlossenheit zur Freiheit und zur Differenz ist keine Strafe, sondern eine Gabe«, sagt Gross. »Der Mensch ist kein aus dem Paradies Vertriebener, sondern er ist ein Paradiesflüchtling. Er wollte hinaus, denn das Paradies ist immer auch das Ende von Geschichte. Ohne Entwicklung, ohne Spannung, ohne Intensität, ohne selbst geschaffenes Glück, ohne ausgestandenes Leid. Dass die Welt nicht perfekt ist – das ist die Chance des Menschen.«

Und trotzdem fühlt der Mensch sich so oft wie ein Vertriebener, denke ich. Oder besser gesagt wie ein Getriebener. Die abgeschlossenen Institutionen wie Religion, Familie, Schule oder Arbeit, in denen sich für uns bislang die neuen Möglichkeiten ergeben haben, brechen auf, und für manche fühlt sich das an, als hätte man in ein Aquarium hineingeschossen. Die Grenzen zerfließen, und plötzlich hört man Rufe von allen Seiten. Komm hierher, mach dies, denk jenes. Der Mensch wird instabil, guckt nach rechts und nach links, guckt, was die anderen Menschen so treiben, versucht, Bestätigung für sein eigenes Tun zu erhalten. Sein Handeln wird mit der Zeit immer selbstbezogener, weil sein Selbst immer instabiler wird.

»Viele«, sagt Gross, »gehen fälschlicherweise davon aus, dass das Leben ein Puzzle ist, für das es eine verbindliche Vorlage gibt. Tausend Teile links, und rechts liegt das Bild vom Matterhorn. Ich schaue auf das Matterhorn, bis ich die Teile zum Ebenbild zusammengefügt habe, und bin zufrieden. Aber das Leben sieht heute ganz anders aus. Heute müssen die Menschen andauernd ihre Vorlagen selbst schaffen, dann ihre Puzzleteile danach ausrichten und gleichzeitig die Vorlage immer wieder verändern.«

Was aber, überlege ich, wenn der Hirnforscher Wolf Singer Recht hat und wir nicht Herr unseres freien Willens sind? Sondern unser Handeln ausschließlich auf erlernten, kulturellen Konstrukten beruht, die jene Entwicklung eines Modells von uns selbst bewirken? Diese erlernten Konstrukte erzeugen ganz früh in unserer Entwicklung neuronale Verbindungen im Hirn, die auf bestimmte Reize und Informationen Prozesse in Gang setzen. Es sind biologische Selbstorganisationsvorgänge, die zwar festen Regeln gehorchen, aber ohne zentrale Steuerung, ohne ein Ich als Dirigenten auskommen. Im Grunde, denke ich, pfeift Singer uns aus dem Streben nach Vervollkommnung zurück und erinnert uns an unsere evolutionäre Begrenztheit. Für Peter Gross ist die Grenze zeitlich, für Wolf Singer ist sie strukturell. Die Folgerung ist vermutlich die gleiche. Auch Singer glaubt, dass eine neue Kultur der Demut und die Einsicht in unsere Grenzen notwendig sind, da sie uns die Würde zurückgeben und uns wieder zu Mitgefühl befähigen.

Gross zündet sich eine zweite Zigarette an. Die Letzte!, sagt er. Er rauche zügig, weil er keine Lungenzüge mache. Ein Muslim habe ihm vor kurzem erklärt, dass die Westler generell doppelt so schnell rauchten wie die Muslime. Auch die Lungenzügler.

»Es ist schwer, sich vorzustellen, keinen echten eigenen Willen zu haben, sondern nur die Illusion davon.«

Peter Gross kann, nein, er will es einfach nicht. »Schön«, sagt er, »dass sich die Neurophysiologen darüber Gedanken machen. Oder Gedanken machen müssen. Aber die Resultate lassen sich nicht vorwegnehmen, auch nicht neurologisch. Und selbst wenn es wirklich so wäre, dass fünfundneunzig Prozent unserer Aktionen genetisch vorgeprägt sind, so sind wir trotzdem verpflichtet, einen normativen

Individualismus, eine Verantwortungsethik zu vertreten. Das heißt, wir müssen schon unsere Kinder lehren, dass sie verantwortlich dafür sind, was sie tun.«

Eben genau jener normative Individualismus, behauptet Wolf Singer, sei die Ursache für unsere Vorstellung vom freien Willen. Er präge uns schon in einer Phase der Entwicklung, an die wir uns später nicht zurückerinnern können. Nur so ist überhaupt das Problem von Schuld und Verantwortung zu lösen.

»Dabei gibt es ständig Versuche, diese Verantwortungsethik zu untergraben«, sagt Gross. »Auch in der Soziologie dominiert dieses gnädige, die menschliche Autonomie beschneidende Normalverfahren, mit dem gezeigt wird, dass fast nichts, was Menschen tun, von ihnen selbst zu verantworten ist. Aus dieser Sicht ist die Soziologie nicht nur eine Human-, sondern eine humane Wissenschaft. Sie beugt sich freundlich zum Menschen herab. Sie fordert den Menschen nicht zu stark, attestiert ihm häufig genug verminderte Zurechnungsfähigkeit. Die neuere, subjektorientierte Soziologie setzt die Vorstellung, dass wir die Bedingungen des menschlichen Handelns kennen müssen, gleichberechtigt neben die Überlegung, dass wir ebenso herauszuarbeiten haben, was der Mensch gestalten kann.« Gut in Erinnerung ist Peter Gross noch ein Buch des Psychiaters Reinhart Lempp, in dem er sinngemäß schreibt, dass es nicht unser Verdienst ist, wenn wir nicht straffällig werden, auch nicht, wenn wir in unserem Leben niemanden töten.

»Das ist die auf die Spitze getriebene Gnade den Menschen gegenüber«, sagt Peter Gross und nimmt sich eine weitere Zigarette. Er rauche nur abends, sagt er. Das berge zwar auch Probleme, aber er sei ja immerhin schon über sechzig. Wir bestellen beide ein Bier, und bis es gezapft ist, erklärt mir Peter Gross das Kraftfeld der Moderne.

Es sind drei Treiber, in denen es aufgespannt wird: die Optionierung, die Enttraditionalisierung und die Individualisierung oder Autonomisierung. Sie greifen ineinander. Die Autonomie funktioniert nur, wenn man auch Optionen hat. Ohne Auswahl keine Wahl. In allen Lebensbereichen, von den Reproduktionstechnologien bis zu den Brillenfassungen, wird die Auswahl vorangetrieben. Sie funktioniert nur, wenn keine Generäle und Diktatoren, keine Traditionen und Gewissheiten verordnen, was zu tun ist.

»Getränke- und Speisekarten«, sagt Peter Gross und nimmt sein Bier in Empfang, »sind Beispiele wie vieles andere auch. Autonomie heißt, über das Getränk selbst zu entscheiden. Auch die Emanzipation der Frau ist nur denkbar, wenn Optionen zur Wahl gestellt werden. Die Rede von Emanzipation ohne Wahlmöglichkeiten ist sinnlos.«

Aber was ist mit Optionen, die wir nicht selbst wählen, sondern die uns übergestülpt werden und die Bedürfnisse erzeugen, die wir nicht autonom kontrollieren können?, frage ich mich. Jürgen Habermas hat von der »Kolonialisierung der Lebenswelten« gesprochen. Anschaulicher ist der umgekehrte Vorgang: das schnelle Abschöpfen neuer kultureller Trends und subkultureller Entwicklungen durch den Markt. Die Medien nehmen diese Bilder auf, schaffen dadurch eine Lebensstil-Hegemonie, eine Art Idealleben. Erfolgreich, international, unterhaltsam. Und bevor die meisten Menschen die Welt und das Leben überhaupt erfahren haben, wissen sie schon, wie es auszusehen hat. Der Markt produziert anstelle der alten Institutionen ein Puzzle vom Idealleben und kanalisiert und reduziert die Möglichkeiten dadurch. Diese Lücke zwischen Wirklichkeit und Lebenspuzzle versucht man nun zu schließen.

Ist die These der Korrumpierung der sozialen Milieus durch den Kommerz eine überkommene? Ist der flexible, selbst organisierte, vernetzte Mensch in der Multioptionsgesellschaft letztendlich doch freier als der Arbeiter in der Industriegesellschaft?

»Nicht unbedingt«, meint Gross, »nicht in Bezug auf die Realisierungsmöglichkeiten von Optionen. Aber er ist freier in Bezug auf die prinzipiell vorhandenen Optionen. Der Konjunktiv, das ›Ich könnte‹, das ist Modernität.«

Liselotte Pulver soll einmal gesagt haben, dass sie nichts mehr ärgere als eine nicht erhaltene Einladung zu einer Party, zu der sie eh nicht gegangen wäre. Der Konjunktiv ist wichtig.

Und gerade der ist gar nicht so einfach zu lernen.

Der Zuwachs an Möglichkeiten – der Kunstliebhaber Peter Gross illustriert das in seinem Buch mit Marcel Duchamp, der mit seinem Urinoir, das ins Museum gebracht wurde, die Möglichkeiten, was Kunst sein kann, ins Unendliche gesteigert hat. Den neuesten Schub erleben wir nach dem Tumult im Cyberspace nun in der Nanotechnologie. Das Erwachen des Individuums und die Erzeugung immer neuer Welten und Bilder haben indes weit früher angefangen. Nach mehr als tausend Jahren Christentum und dem Auseinanderfallen des römischen Imperiums beginnt sich in der Musik im frühen Mittelalter der Solist zu etablieren. In der bildenden Kunst erwacht in der Renaissance zaghaft das Individuum, es entstehen die ersten Selbstbildnisse. Die Aufklärung verabschiedet diese Prozesse politisch. Die Aufklärung ist lediglich der Abschluss eines Jahrhunderte andauernden Kampfes, die Fesseln zu lösen: Entfesselung des Ichs.

»Die Frage ist«, sagt Gross, »ob sich Anzeichen zeigen, dass die Gesellschaft sich wieder zu schließen beginnt. In den USA beobachten wir eine uns fremde Revitalisierung der Religion und eine Gesellschaft, die sich versucht zu schließen. Unserer alteuropäischen, säkularen, reflektierten Gesellschaft werden sich nicht so leicht wieder übernatürliche Gewissheiten einpflanzen lassen. Zeitgenossen, die wie George W. Bush behaupten, mit Gott zu reden, sind der säkularisierten Intelligenz Europas zuwider. Aber die so beruhigenden Bezüge zu einem weltenthobenen Gott müssen vom modernen Menschen durch die Erzeugung von Beziehungen zum Mitmenschen kompensiert werden. Das ist unser aller Aufgabe.«

Als ob das so einfach wäre. Peter Gross sagt, dass er als Vorbild gerne die Eheschließung anführt. Die Kinder müssen lernen, außerhalb des Familienverbundes neue Beziehungen zu definieren und zu pflegen, über ein ganzes Leben hinweg. Mit der Eheschließung, überhaupt mit Verträgen, kommt Berechenbarkeit in eine an ihrer Zukunft herumlaborierende Welt.

»Komisch, ich hatte nie das Gefühl, dass das Problem darin besteht, Bindungen aufzunehmen, sondern vielmehr, Beziehungen zu führen. Wir sind doch von früh an aufgefordert worden, unsere Netzwerke selbst zu knüpfen, und darin sind wir auch ziemlich gut. Aber steigen nicht gerade mit der Dichte des Netzes und mit der Zunahme der Möglichkeiten automatisch auch die Ansprüche, das Ideal, was besonders die Definition einer Partnerschaft schwierig macht? Was wiederum die Dauerhaftigkeit einer Bindung schwierig macht? Herr Gross?«

»Natürlich«, sagt Peter Gross, »je mehr Möglichkeiten, desto schwieriger die Entscheidung. Sie wird häufig genug aufgeschoben. Das Heiratsalter verschiebt sich nach hinten. Die Singles nehmen zu. Wählen heißt ja immer auch abwählen. Sich entscheiden heißt immer sich scheiden von Möglichkeiten. Und je weniger man weiß, was an Möglichkeiten auf einen noch zukommt, desto schwieriger wird es, sich zu entscheiden. Das kennt man aus der Schulklasse: Wenn jemand eine feste Freundin hat, ist er für die anderen verloren. Ähnlich beim Konsum: Wer annimmt, dass es im nächsten Jahr möglicherweise bessere Produkte gibt, der schiebt seine Kaufentscheidung immer weiter auf. Wenn der Trennschmerz der abgewählten Möglichkeiten größer ist als die Freude über das Gewählte, lässt man den Kauf. Oder die Beziehung.«

»Was raten Sie, Herr Gross?«

»Den Menschen klarzumachen, dass jede Wahl riskant ist. Nie lassen sich alle Möglichkeiten kontrollieren. Und immer könnte eine der Möglichkeiten besser sein als diejenige, die gewählt wurde. Gerade weil sie nicht getestet werden kann.«

»Wie lernt man das?«

»Indem man nicht nur die Differenz zwischen Wirklichkeit und Möglichkeit akzeptiert, sondern bedenkt, dass Wählen riskant ist«, antwortet Peter Gross. Immer. Prinzipiell. Die damit einhergehende Zukunftsungewissheit, von der Börse bis zur eigenen Biografie, sei überdies keineswegs nur negativ. Zwar habe der Mensch immer weniger Gewissheiten, je autonomer er werde. Aber je weniger Gewissheiten, desto mehr Raum für Neues. Ernst Bloch hätte vielleicht gesagt, das Prinzip Hoffnung sei eine Folge der Autonomie des Menschen.

Zukunftsungewissheit öffne den Raum für Besseres – ob man damit einfach alles dem Zufall überlassen kann?, überlege ich mir. So wie es Peter Gente macht, eine Art Versuch, ohne Erwartungen glücklich zu werden. »Vermutlich nicht«, sagt Gross. »Sind wir doch aufgerufen, ein gutes Leben zu führen. Und das fällt einem, so schön es wäre, nicht einfach zu. Auch wenn man schon ein bisschen Glück haben muss, um glücklich zu werden.«

In der Hotelbar wird es ruhiger, es ist spät geworden. Eine Frage noch, das muss jetzt sein, die Früher-Frage: »Herr Gross, war das Leben früher einfacher, waren die Menschen glücklicher?«

»Schwer zu sagen«, antwortet er. »Aber man muss für jede Gesellschaft doppelt Buch führen. Vormoderne und moderne Gesellschaften sind arm und reich zugleich. Moderne sind arm an Gewissheiten und reich an Möglichkeiten, vormoderne reich an Gewissheiten, aber arm an Möglichkeiten. Die Bilder in den Köpfen wechseln je nachdem ihre Farben. Die Skala der Töne reicht von düster bis grellbunt. Unsere Gesellschaft hat das Leben experimentell angelegt, es wird ausprobiert, was das Zeug hält. Überall Trommelwirbel und Marschbefehle. Ein Rauschen, Glitzern und Leuchten sondergleichen. Jeder kann für sich selbst überlegen, ob er lieber weniger Möglichkeiten und viele Gewissheiten oder lieber wenige Gewissheiten, aber viele Möglichkeiten hat. Und dementsprechend handeln, beziehungsweise wählen.«

Zum Abschied schenkt mir Peter Gross seine ihm geschenkte Flasche Lemberger und bringt mich noch zur Drehtür. So stehe ich wieder draußen in Berlin und frage mich: laufen, Bus, Tram, U-Bahn oder Taxi?

Kann man das Aufhören lernen – und das Anfangen?

Stephan Lebert reist nach Wien zu André Heller

Wie aufhören? Ich frage mich am Ende dieses Buches, ob es irgendeine Fähigkeit gibt, die bei der Beantwortung all unserer Fragen hilfreich und notwendig ist. Die man also braucht, um mit einem anderen Blick auf das Leben zu schauen. Ich denke, es sind zwei Fähigkeiten, ein Geschwisterpaar: aufhören können und anfangen können.

Wir wollten mit unseren Gesprächen und Selbstreflexionen den Lärm und die Bilderflut dieser Zeit ein wenig ausblenden und uns innere Klarheit verschaffen. Deshalb haben wir uns auf ein paar Fragen konzentriert, um dann an ihnen entlang wie auf einem in meiner Wanderkarte eingezeichneten Pfad Meter um Meter voranzukommen. Das Bild von der Wanderung: Es hat Spaß gemacht, einen Weg ganz zum Ziel zu gehen und sich nicht dauernd zu fragen, auf welchen Wegen man noch alles zum Ziel hätte kommen können.

Eine Kollegin hat uns gefragt, ob wir am Ende des Buches eine Formel gefunden haben. Das erinnert mich an diese unangenehmen Augenblicke in meiner Schulzeit, in denen nach einer Mathematikklausur plötzlich klar wurde: Ich habe die Rechenaufgabe anscheinend nicht richtig gelöst. Mein Ergebnis lautete meistens so ähnlich wie: 653,32 geteilt durch 4,783. Meine Mitschüler kamen zu einem anderen Schluss: 5. Auch in diesem Buch ist so was herausgekommen wie: 653,32 geteilt durch 4,783. Eine Lösung? Na ja, aber vielleicht ist das ja doch eine Lösung, und zwar die Lösung einer komplizierten Formel, nämlich der für Individualität. Und am besten rechnet man dauernd weiter, möglicherweise wird die Lösung dann irgendwann ein wenig griffiger.

Aufhören können und anfangen können – ist das wirklich das geeignete Paar, um den Dingen auf den Grund zu gehen? Ist nicht genau das vielmehr eine Plage unserer Zeit? Alle fangen doch ständig etwas an und hören gleich darauf wieder auf. Kaum einer macht einfach weiter, bringt etwas zu Ende. Ich habe einen guten Gradmesser für meinen jeweiligen Gemütszustand: Wenn ich dauernd Bücher anfange, ohne sie zu Ende zu lesen, steht es nicht gut um mich. Ich nehme das als Alarmzeichen und quäle mich garantiert durch das nächste Buch bis zum letzten Wort. Dauernd aufhören und anfangen ist also ein Problem – deshalb wird in den nächsten Seiten von der Kunst des Anfangens und des Aufhörens die Rede sein.

Wie anfangen? Im Grunde kann man auf diese Weise so ziemlich jeden Text, jeden Artikel, jedes Kapitel beginnen. Ich könnte also darüber nachdenken, ob ich zunächst diese eine Szene schildere, als André Heller in seinem wunderbaren museumsreifen Palais in Wien auf seiner Couch sitzt und sagt, er werde nie verstehen, warum Menschen immer voller Begeisterung das machen wollen, was sie schon kennen, anstatt etwas Neues auszuprobieren. Oder sollte ich eher philosophisch beginnen mit dem Bild vom Hürdenläufer: Das Leben ist wie ein Hürdenlauf, man muss ständig über eine neue Hürde springen, scheitert man an einer, ist das Rennen verloren. Jede Hürde ein Anfang.

Ich war vor einigen Jahren in Bochum, um eine Reportage über Leander Haußmann zu schreiben, der zum Intendanten des Schauspielhauses berufen worden war. Wenige Tage vor dem Saisonstart wurden gleichzeitig mehrere Stücke geprobt, eines von Tschechow war dabei, auch eines von Shakespeare. Es war spannend dort, ich saß hauptsächlich in der Kantine, sah, wie tolle Schauspieler und Regisseure viel tranken, und bekam eine Ahnung davon, was diese Theatermenschen hinter ihrer Mischung aus Party und Alkohol treibt: Sie versuchen mit ihrer Kunst, Dinge des Lebens festzuhalten, die sie in ihrem sonstigen Leben nicht festhalten können.

Ich führte viele Gespräche, und ganz am Schluss stand das Interview mit dem Regisseur Jürgen Kruse auf dem Programm. Kruse gilt als einer der Vertreter des so genannten jüngeren Theaters, gerne wird er auch als Skandalregisseur tituliert. Er liebt es, verschiedene Stilmittel in seinen Aufführungen zu kombinieren: viel Musik, auch Filme und Videobilder. Man hatte mich vorher gewarnt, Kruse sei sehr schwierig, wobei schwierig auch irgendwie das falsche Wort sei. Mit Kruse, hieß es, könne man nicht wirklich kommunizieren. Wenn man ihn mit Worten erreichen wolle, müsse man sich schon sehr bemühen.

Es war gegen Mittag, und Kruse saß in einer großen Garderobe, irgendwo in dem Ganggeflecht des Bochumer Theaters. Er trug Jeans, T-Shirt, hatte lange Rockerhaare. Er wirkte müde, zu wenig geschlafen, zu viel Alkohol, wer weiß. Seine Augen waren nur halb geöffnet, wie bei Löwen, die in der Sonne liegen und vor sich hin dösen. Ich wurde gleich selbst ein bisschen müde, zu wenig geschlafen, zu viel Alkohol, wer weiß. Ich fragte ihn dennoch, wie er sich denn so fühle, wenn er bei solch einem Neustart eines Theaters dabei sei. Warum er denn jetzt genau dieses Stück ausgewählt habe. Derartige Fragen. Zu meiner Überraschung fing Kruse an, die Augen aufzumachen und zu antworten.

Irgendetwas Nichtssagendes, aber immerhin waren es ein paar Sätze. Doch plötzlich hielt er inne. Er sah mich an und fragte: »Sie wollen wissen, warum ich Theater mache? Vielleicht sogar, warum ich lebe? Okay, das kann ich Ihnen beantworten. Ich habe heute Lust dazu.«

Kruse stand auf, ging hinüber zu einem Schrank und kramte aus einer Schublade ein Foto heraus. Das Bühnenbild einer seiner früheren Aufführungen war darauf zu sehen, im Mittelpunkt eine Tafel, auf der ein in riesigen Buchstaben gedruckter Spruch prangte: »Herr, gib mir die Kraft, Dinge zu ändern, die man ändern kann. Gib mir die Gelassenheit, Dinge zu ertragen, die man nicht ändern kann. Und die Weisheit, das eine vom anderen zu unterscheiden.« Darum drehe sich alles bei ihm, sagte Jürgen Kruse. »Jetzt wissen Sie es.« Das Interview war beendet.

Seither hängt dieses Foto in meiner Wohnung. Es ist ein kluger Spruch, denn indirekt formuliert er die Frage: Wann soll ich weitermachen, wann etwas beenden und wann etwas Neues anfangen? Aufhören und anfangen: ein Zwillingspaar.

Die Macher des Magazins der *Süddeutschen Zeitung* hatten Mitte der Neunzigerjahre die Idee, die ersten Seiten des Heftes »Anfänge« zu nennen. Hier sollten nur Meldungen und kleinere Geschichten stehen – eine hübsche Idee. Doch dies funktionierte nicht, man änderte den Heftanfang ziemlich rasch wieder. Es gab nicht genügend interessante Geschichten, die einen Anfang symbolisierten. Vielleicht lag das an diesem Land. In Deutschland fängt man nicht so gerne an, in Deutschland macht man gerne weiter. Jede Statistik belegt das. In Amerika beispielsweise ist es selbstverständlich, dass Menschen im Lauf ihres Lebens mehrere, oft völlig verschiedene Berufe erlernen. In Deutschland ist das die Ausnahme.

Ich mag Anfänge, zumindest theoretisch. Mich beschäftigt etwa die Vorstellung, in mir könnten ungeahnte Fähigkeiten schlummern, die bloß noch nicht entdeckt worden sind. Nach dem Motto: Vielleicht wäre ich der großartigste Einhandsegler aller Zeiten, doch wie soll ich das merken, wenn ich noch niemals segeln war? Mit solch einer Grundspannung besuchte ich kurz nach meinem vierzigsten Geburtstag meine erste Klavierstunde. Nach der Stunde lachte meine sehr nette Lehrerin nur hysterisch, als ich sie fragte, ob es nicht einen Restfunken an Chance gebe, dass in mir wenigstens ein ganz kleiner Glenn Gould stecke.

Angeblich stehen ja vor allem junge Leute dauernd an Weggabelungen und wissen nicht, ob sie stehen bleiben sollen oder weitergehen. Die Psychologin Rosmarie Welter-Enderlin benutzt in ihren Therapiestunden gerne eine Sequenz aus dem Film *Down by Law* von Jim Jarmusch: Zwei Unschuldige brechen aus einem Gefängnis aus, stehen auf ihrer Flucht vor einer Kreuzung und haben keine Ahnung, wohin sie gehen sollen. Sie werfen eine Münze, jeder nimmt einen anderen Weg. Welter-Enderlin malt ihren Patienten die Szene auf ein Blatt Papier: Egal, welchen Weg sie nehmen, sie werden bald zu einer neuen Kreuzung kommen und sich wieder entscheiden müssen, und nur sie können und müssen es tun, ansonsten bleiben sie stehen, und genau das käme einer wirklichen Katastrophe gleich.

Wien, mitten im Zentrum, eine schmale Gasse. André Hellers Name steht nicht am Klingelschild. Erster Stock in einem prachtvollen Palais. Eine kleine Asiatin in einem roten Kimono öffnet die Tür, nimmt den Mantel ab, fragt auf Englisch, ob ich was trinken wolle. Vielleicht einen Tee? Die Wohnung ist noch beeindruckender als das Palais selbst. Riesige, hohe Räume. Es gibt unter anderem eine Bibliothek, ein Besprechungszimmer, ein Musikzimmer. Man fühlt sich wie in einem Museum: überall Bilder, zum Beispiel ein Original von Georg Baselitz, ein Porträt von André Heller, gezeichnet von Andy Warhol. Statuen, antike Möbel, asiatische Möbel. André Heller sagt, er habe lange gesucht, bis er diese Wohnung gefunden habe, die Platz für seine Sammlungen biete. Er erzählt gerne die Geschichte dieser jahrhundertealten Wohnung, wer hier schon alles war, Premierminister, Widerstandskämpfer, aber auch Künstler, Wolfgang Amadeus Mozart zum Beispiel.

Ich habe mir aus einem sehr einfachen Grund André Heller als Gesprächspartner ausgesucht. Er hat immer wieder etwas angefangen und immer wieder rasch damit aufgehört.

André Heller war zum Beispiel Ende der Siebzigerjahre ein höchst erfolgreicher Sänger und Liedermacher. Andere machen das ein Leben lang. Heller veranstaltete im Jahr 1982 sein letztes Konzert. Warum?

Er sitzt auf seinem Sofa und sagt: »Ich war unfähig, Konzerte zu geben, wenn ich nicht eine innere Ursache zum Singen spürte. Das heißt, ich wollte und will eigentlich nur singen, wenn ich entweder besonders traurig oder besonders fröhlich bin. Sehr fröhlich bin ich leider maximal zehn Tage im Jahr, und besonders traurig war ich damals vielleicht ebenso oft. Mir hat die Grundprofessionalität gefehlt, Punkt acht Uhr vor die Scheinwerfer zu treten, nur weil dreitausend oder fünftausend Leute Eintritt bezahlt haben. Das führte zu einer gewissen Trostlosigkeit.«

Durch die Erwartung des Publikums habe er sich in eine Stimmung hineingaukeln müssen, die nicht wahrhaftig gewesen sei, sagt Heller. »Ich bin eben kein Sänger. Das ist ein sehr eigener Beruf. Als ich unlängst in Paris zwei Opern mit Jessye Norman inszenierte, behauptete sie, sie genieße es sehr, ein volles Haus in die Knie zu zwingen. Das habe ich anders gesehen. Ende der Siebzigerjahre konnte ich Auftritte nur mehr mit Hilfsmitteln durchstehen. Ich erzeugte mein Strahlen künstlich.« Heller erzählt von einer bestimmten Schlaftablette, die bei ihm ziemlich genau zwei Stunden das Gegenteil bewirkte, nämlich eine Euphorie auslöste. »Genau das brauchte ich für meine Konzerte. Das war ein fantastischer Selbstbetrug. Drei Jahre habe ich diese Krücke benutzt und dann von einem Tag auf den anderen aufgehört mit den Tabletten und dem Popstartum.« Er hatte bereits deutliche Entzugserscheinungen, »wenn ich nichts nahm, habe ich mir zum Beispiel beim Essen mit der Gabel in die Wange gestochen, weil ich den Mund nicht fand«. Oder es kam vor, dass er sich neben den Sessel setzte. »Es wurde also höchste Zeit, meine Abhängigkeit von der Firma Ciba-Geigy zu beenden. Seitdem habe ich nie wieder etwas angerührt, dem ich Macht über mich gab, außer vielleicht eine oder zwei gefährliche Damen. Ich trinke ab und zu einen trockenen Grappa. Basta.«

André Heller war außerdem Ende der Sechzigerjahre ein beliebter Radiomoderator. Andere machen so etwas ihr ganzes Leben. Er hörte ziemlich plötzlich und endgültig damit auf. Er hatte eine tägliche Radiosendung im österreichischen Rundfunk, auf ORF 3, einem wilden Rockmusik-Sender, den er zusammen mit Kollegen aufgebaut hatte. In seiner einstündigen Sendung erzählte er, was in ihm vorging, was er dachte, wünschte – und erlebte. »Ich merkte damals«, sagt Heller, »ich brauche nur meinen normalen Tagesablauf oder besser Nachtablauf zu schildern – und schon bekomme ich hunderte von Briefen.« Ab und zu hatte er auch Gäste in der Sendung, etwa den Schriftsteller Peter Handke, mit dem er sich eine ganze Stunde über das Wesen der Dillsoße unterhielt. »Mein Vater hatte nämlich die Theorie, dass in den Adern der wirklichen Schönheiten, zum Beispiel in Fräulein Emmi von der Wallach-Drogerie, nicht Blut, sondern Dillsoße fließe. Handke fand diese Theorie damals diskutierenswert.«

Heller traf für den Sender auch andere Gäste – und was für welche: Mit Jimi Hendrix war er im Wiener Prater. Mit Frank Zappa bei Schubert-Konzerten im großen Musikvereinssaal. Und mit John Lennon auf dem Wiener Zentralfriedhof.

»Was, Herr Heller, war das für ein Gefühl, mit John Lennon an Mozarts Grab zu stehen?« »Lennon war vollkommen baff, weil er gar nicht wusste, dass all die Großen im Umkreis von fünfzig Metern auf die Trompeten des Jüngsten Gerichts warten: Mozart, Brahms, Beethoven, Gluck, Schubert, da der Schönberg und dort der Johann Strauss. Bei mir haben nicht die Glocken geläutet, Achtung: historischer Augenblick, John Lennon am Grab von Mozart. Ich dachte, den werde ich noch ganz oft treffen. Wir haben dann ja auch Lennons Spielfilm *Rape* mit Yoko Ono beim Österreichischen Rundfunk produziert. Ich hatte nicht das Gefühl, dass das die künftigen Legenden sind. Ich dachte, alles, was denen gelungen ist, kann mir demnächst auch gelingen. Das klingt anmaßend, aber ich hatte meine eigenen Grenzen noch nicht erfahren. Das war überhaupt mein Lebensgefühl in den Sechzigern: Mir traut niemand was zu, also traue ich mir alles zu.«

André Heller erzählt von Jimi Hendrix: »Der kam mit dem Flugzeug nach Wien, allein, zweiter Klasse. Er wurde abgeholt vom Manager seiner Plattenfirma und in unser Rundfunkstudio verfrachtet. Nach dem Interview haben wir uns angeschaut: Und was machen wir jetzt, gehen wir was trinken? Dann sind wir zum Prater gefahren, haben Budweiser Bier getrunken, Palatschinken gegessen und Papierrosen geschossen, was man eben auf dem Jahrmarkt so macht. Heute wäre das undenkbar: Es gab keine Leibwächter, keine PR-Leute, keine Parasiten, keine Groupies. Er war nur der blutjunge, neugierige, von seinen eigenen Erfolgen überraschte Musiker.«

Eine tolle Zeit sei das gewesen, sagt Heller. Aber dann war ziemlich schnell Schluss. Warum? »Ich hatte die Form ausgereizt. Ich merkte, dass ich mich wiederholte. Ich kann Wiederholungen gar nicht leiden.«

Dann kamen die riesigen Massenveranstaltungen, die André Heller eine Zeit lang organisierte, Veranstaltungen mit künstlerischem Anspruch. Das waren große Erfolge. Doch Anfang der Achtzigerjahre war damit ebenfalls Schluss, das Feuertheater vor dem Berliner Reichstag war sein letzter Event dieser Art.

Heller schildert sein damaliges Ego, das noch so unbefriedigt gewesen sei, dass es sich mit Qualität besaufen wollte. »Heute betrachte ich dieses Feuertheater als einen unverzeihlichen Ausrutscher. Was hätte da nicht alles passieren können, bei einer Zuschauermenge von einer Million. Ich wollte zu brennenden Bildern die Musik von Strawinsky und Händel hören, dazu Gedichte von Brecht, gesprochen von Therese Giehse. Ich wollte das erleben und hatte mir eingebildet, ich würde krank, wenn es nicht stattfindet. Ohne in meiner Hybris zu überlegen, wie viele eventuell krank würden, wenn es stattfindet.« Kurz bevor es losging, wurde Heller von Tag zu Tag nervöser. »In meiner Suite im Kempinski hatte ich jeden Morgen die Bettdecke durchgeschwitzt. Ich wusste schon bald, dass es Wahnsinn ist, aber ich konnte nicht mehr zurück. Wenn ich die Schlagzeilen in Berlin las, dachte ich nur: Der Traum eines kleinen Buben kann doch nicht solche Ausmaße annehmen.« Nachdem glücklicherweise nichts passiert sei, sagt

Heller, »habe ich ein Gelübde abgelegt, dass ich eine derartige Massenveranstaltung nie mehr organisieren werde«.

Als ich André Heller treffe, hat er gerade seinen Film *Im toten Winkel* über die Sekretärin von Adolf Hitler fertig gestellt, der dann später ein überwältigender Erfolg wird. Er sitzt halb liegend auf seiner großen Couch in einem der riesigen Zimmer seiner herrschaftlichen Wohnung. Er wirkt unruhig, aufgewühlt. Und er sagt das auch, als Erstes nach der Begrüßung. »Es ist mir nicht klar gewesen, wie tief mich dieses Thema trifft, der Nationalsozialismus, wie sehr er mich hinunterzieht. Da packt mich etwas...« – er sucht nach Worten – »... eine Energie, die mich irgendwohin ziehen will.« Dabei hat er eigentlich nur die Begegnung mit einer freundlichen älteren Frau hinter sich, Traudl Junge, die Hitlers Testament in die Schreibmaschine getippt und dabei fast keinen Fehler gemacht hatte. Sie sagt in dem Film: »Sonst habe ich immer ein paar Fehler gemacht beim Diktieren, und das war lästig, man musste mit dem Radiergummi radieren, weil es ja noch kein Tipp-Ex gegeben hat. Aber bei diesem allerletzten Diktat tippte ich fast perfekt.«

Alles komme jetzt wieder hoch, sagt André Heller, »der ganze Dreck«, und auch die eigene Familiengeschichte. Dabei könne er es sich, rein moralisch gesehen, einfach machen, er mit seinem jüdischen Hintergrund, schließlich habe er Verwandte in Auschwitz verloren. Heller sagt, er habe hier irgendwo in einer Schublade einen Brief vom amerikanischen Präsidenten Harry Truman, in dem der versicherte, ohne die Tätigkeit des Vaters, des Widerstandskämpfers Stephen Heller, wäre die Landung der alliierten Truppen in der Normandie viel schwieriger gewesen. »Mein Vater«, sagt Heller, »war eine Art Kontaktmann zwischen Charles de Gaulle und den USA – und damit ein wichtiger

Mann im Widerstand.« Andererseits, sagt André Heller, sei sein Vater zunächst ein klarer Austrofaschist gewesen, ein großer Mussolini-Verehrer: »Hätten die Nazis nichts gegen die Juden gehabt, wäre er ein Nationalsozialist geworden, aber so wurde er eben ein heftiger Widerstandskämpfer.« Sein Vater, sagt er, sei nach dem Krieg ein physisch und psychisch gebrochener Mann gewesen, schwer drogensüchtig, »mit mir hat er vielleicht insgesamt zehn Sätze gewechselt«. Er starb früh.

Die Mutter lebt noch. Die Nacht zuvor erst habe er von ihr geträumt, erzählt Heller. »Sie weinte, hier an meiner Brust, und brach zusammen. Im Traum. Wissen Sie, normalerweise haben wir eher ein emotional distanziertes Verhältnis.« Heute Morgen hatte er sie angerufen und ihr davon erzählt, »sie hat nur gesagt, ach, was du immer träumst«. André Heller, Mitte fünfzig, zuckt die Achseln und muss ein bisschen schmunzeln, »einmal im Jahr versuche ich, meine Mutter emotional zu knacken, und jedes Mal scheitere ich«.

Auf eine bestimmte Weise ist der Film über Hitlers Sekretärin typisch für André Heller. Er nähert sich einem Thema, begeistert sich und gibt alles, es umzusetzen. Im Fall Traudl Junge hatte er nur die Information, dass sie ihn und seine Arbeit mochte, vor allem den Zirkus Roncalli. Heller zog in ein Münchner Hotel und wartete, bis sie ihn dann eines Tages empfing. Es war das erste längere Interview über ihre Vergangenheit. Heller beschäftigte sich etwa zwei Monate lang ausschließlich mit dieser Geschichte, »mit diesem Gift«, wie er es nennt. Danach war Schluss, kein Mensch könne ihn dazu bewegen, noch mal einen ähnlichen Film über die Nazizeit zu drehen. Nein. Wieder war ein Kapitel abgeschlossen.

Warum ist das bei vielen Menschen ganz anders, warum fürchten sie sich so bei dem Gedanken, etwas Neues anzufangen? Es ist die Vorstellung, dass es schief gehen könnte. Ich verliere das, was ich kenne. Und was bekomme ich dafür? Man weiß es eben nicht.

Merkwürdigerweise kenne ich fast nur Leute, bei denen ein Neustart gut gegangen ist, wenngleich nicht ohne Schwierigkeiten. Ich erinnere mich beispielsweise an eine Begegnung mit dem einstigen Filmkritiker Hans-Christoph Blumenberg, der von einem Tag auf den anderen das Metier wechselte und Regisseur wurde. Er sagte, irgendwann sei ihm klar geworden, dass es ein gewaltiges Missverhältnis gebe, »einerseits arbeiten viele Menschen monatelang an einem Film, andererseits sieht der Kritiker neunzig Minuten zu und zerstört gegebenenfalls diese Arbeit. Das muss so sein, klar. Aber ich wollte das nicht mehr machen.« Mit großer Häme begleiteten die Kritiker seine ersten Filme, wer weiß, vielleicht rechtfertigten sie damit aber auch ihre eigene Passivität: Na, wenn der bei seinem Wechsel richtig auf die Schnauze fällt, habe ich eine wunderbare Begründung, in meinem Leben alles beim Alten zu lassen. Blumenberg machte weiter – und gehört heute zu den erfolgreichsten Regisseuren im deutschen Fernsehgeschäft. Wer ihn trifft, weiß: Der radikale Wechsel hat ihm gut getan.

Und noch ein Beispiel dafür, dass das Anfangen manchmal so verdammt schwer fällt: der Untergang der DDR. Damals beschlossen viele Menschen, das alte System abzulehnen. Doch sie hatten nur ein diffuses Bild vom neuen. Die Chance wäre gewesen, wenn diese Menschen die neue Freiheit zu ihrer Droge gemacht hätten. Nach 1945 erzählten unsere Eltern, wie begierig sie sich auf die neue Zeit, auf das Kulturangebot, darauf, dass sie endlich lernen durften, gestürzt hätten, wie lebensgierig sie gewesen seien. Das hat es nach 1989 viel zu wenig gegeben. Man fing etwas Neues an, mit den alten Bildern im Kopf. Die Menschen hatten ein Ideal dieses neuen Lebens im Kopf, das dann nichts mit der Wirklichkeit zu tun hatte. Dieses Ideal war so stark, dass das Neue keine Chance hatte. Leben heißt Brücken schlagen über Ströme, die vergehen. Vielleicht muss man an manchen Brücken einfach auch nur ein bisschen länger bauen.

Kann man das Anfangen lernen? André Heller erzählt von seiner Schulkarriere: »Ich bin vor dem Abitur aus der Schule raus und vor dem Abschluss aus der Schauspielschule, ich bin aus allem von meiner Familie Verordnetem raus. Weil ich mir dachte, ich lerne am meisten, wenn ich lese und lese und lese oder im Filmmuseum die Werke von Sergej Eisenstein, René Clair und Carl Theodor Dreyer studiere oder im Burgtheater die Handbewegungen von Oskar Werner. An einem Tag war ich vom Aufsperren bis zum Zusperren im Völkerkundemuseum, dann waren vier Tage Diego Velázquez und Andrea Mantegna und Hieronymus Bosch im Kunsthistorischen Museum dran, dann einen Tag lang Uhrenmuseum, fünf Wochen lang Wiener Friedhöfe. Ich war aber auch manchmal nur flanieren, und zwar meistens mit dem Blick nach oben. Was sind da für steinerne Engel und Atlasse und Wasserspeier? Nach wem ist diese Gasse benannt oder dieser Platz? Was waren deren Leistungen? Das war meine private Ausbildung.«

»Waren Sie immer allein unterwegs?« »Der Maler Giorgio de Chirico hat mir einmal auf eine ähnliche Frage in seinem wunderbaren Deutsch geantwortet: ›An Freunde kann ich mich nicht erinnern.‹ Ich war zu unsportlich und zu wenig raufsüchtig und zu gedankenverloren, um gleichaltrige Freunde zu haben. Auch die Lehrer und ich waren inkompatibel. Egal, in welcher Schule, immer wollten sie mich auf die Norm zurechtstutzen. Ich habe gespürt, dass ich, wenn ich mich füge, meine Kraft verliere.«

Heller erzählt, es sei wichtig, Leute zu finden, die einen fördern, »bei mir war das vor allem Helmut Qualtinger, der hat mir ein paar Wegweiser aufgestellt. Lies Ödön von Horvath und James Joyce, lies Gustave Flaubert und André Breton. Und er hat einen der wichtigsten Sätze überhaupt zu mir gesagt: ›Trau dich, dich zu irren.‹«

Herauszufinden, welche Menschen einem gut tun, einem Türen öffnen, und welche einem nicht gut tun und sie schließen, das sei vielleicht das Wichtigste überhaupt. Und André Heller sagt, als Nächstes wolle er darüber nachdenken, wie man ein Spital für schwer Krebskranke so gestaltet, dass ihnen das Leben ein wenig erleichtert wird.

Nach unserem Gespräch gehe ich in Wien spazieren. Man kann diesen Mann überheblich und abgehoben oder auch großartig finden. Seiner Energie kann man sich nur schwer entziehen. Er ist das Gegenteil von einer Figur in einem Witz, den ich sehr mag: Zwei Freunde treffen sich, die sich schon lange nicht mehr gesehen haben. Sagt der eine: »Ja, du schaust ja schlecht aus, was ist denn mit dir los?« Sagt der andere: »Ich habe einen furchtbaren Job. Jeden Morgen um sechs Uhr aufstehen, Säcke schleppen, fünfzig Kilo schwer, bis in den achten Stock hinauf, ohne Pause bis sechs Uhr abends. Furchtbares Arbeitsklima.« Sagt der eine: »Um Gottes willen, wie lange machst du das schon?« Antwortet der andere: »Morgen fange ich an.«

Literatur

Adorno, Theodor W.: *Minima Moralia*. Frankfurt am Main, 1982.

Ariès, Philippe: *Geschichte der Kindheit*. München, 1978.

Ariès Philippe: *Geschichte des Todes*. München, 1980.

Barthes, Roland: *Fragmente einer Sprache der Liebe*. Frankfurt am Main, 1984.

Beck, Ulrich: *Risikogesellschaft. Auf dem Weg in eine andere Moderne*. Frankfurt am Main, 1986.

Belkin, Lisa: »The Opt-Out Revolution«, in: *The New York Times*, 26. Oktober 2003.

Bremmer, Jan, und Herman Roodenburg (Hrsg.): *Kulturgeschichte des Humors. Von der Antike bis heute*. Darmstadt, 1999.

Deleuze, Gilles, und Félix Guattari: *Rhizom*. Berlin, 1977.

Elias, Norbert: *Über den Prozess der Zivilisation. Soziogenetische und psychogenetische Untersuchungen*. Frankfurt am Main, 1969.

Fest, Joachim: *Der zerstörte Traum. Vom Ende des utopischen Zeitalters*. Berlin, 1991.

Frankl, Viktor: *Das Leiden am sinnlosen Leben. Psychotherapie für heute*. Freiburg, 1984.

Frisch, Max: *Biographie: Ein Spiel*. Frankfurt am Main, 1967.

Frisch, Max: »Hat das Leben einen Sinn?«, in: *Die Zeit*, 2004.

Gross, Peter: *Die Multioptionsgesellschaft*. Frankfurt am Main, 1994.

Gross, Peter: *Ich-Jagd. Im Unabhängigkeitsjahrhundert*. Frankfurt am Main, 1999.

Haubl, Rolf: *Neidisch sind immer nur die anderen. Über die Unfähigkeit zufrieden zu sein*. München, 2001.

Hecht, Martin: *Das große Jagen. Auf der Suche nach dem erfolgreichen Leben*. München, 2004.

Hondrich, Karl-Otto: *Liebe in den Zeiten der Wertgesellschaft*. Frankfurt am Main, 2004.

Honneth, Axel (Hrsg.): *Befreiung aus der Mündigkeit, Paradoxien des gegenwärtigen Kapitalismus*. Frankfurt, 2002.

Illouz, Eva: *Der Konsum der Romantik. Liebe und die kulturellen Widersprüche des Kapitalismus*. Frankfurt am Main, 2003.

Jacoby, Russell: *Soziale Amnesie. Eine Kritik der konformistischen Psychologie von Adler bis Laing*. Frankfurt am Main, 1978.

Klein, Stefan: *Die Glücksformel oder Wie die guten Gefühle entstehen*. Frankfurt am Main, 2002.

Klein, Stefan: *Alles Zufall. Die Kraft, die unser Leben bestimmt*. Frankfurt am Main, 2004.

Luhmann, Niklas: *Liebe als Passion. Zur Codierung von Intimität*. Frankfurt am Main, 1984.

Neckel, Sighard: *Die Macht der Unterscheidung. Essays zur Kultursoziologie der modernen Gesellschaft*. Frankfurt am Main, 1993.

Pongs, Armin: *In welcher Gesellschaft leben wir eigentlich?* Band 1. München, 2004.

Poschardt, Ulf: *Cool*. Reinbek, 2002.

Poschardt, Ulf: *Über Sportwagen*. Berlin, 2002.

Postman, Neil: *Wir amüsieren uns zu Tode. Urteilsbildung im Zeitalter der Unterhaltungsindustrie*. Frankfurt, 1988.

Schels, Walter: *Das offene Geheimnis*. München, 2001.

Schels, Walter, und Beate Lakotta: *Noch mal leben vor dem Tod. Wenn Menschen sterben*. München, 2004.

Schmidbauer, Wolfgang: *Die Angst vor Nähe*. Reinbek, 1985.
Schmidbauer, Wolfgang: *Alles oder nichts. Über die Destruktivität von Idealen*. Reinbek, 2003.
Seibt, Gustav: »Wider die Gleichgültigkeit. Elite und Untergang: Die Manieren des Geistes können nie besser sein als die der Gesellschaft«, in: *Süddeutsche Zeitung*, 10./11. 1. 2004.
Sellers, Patricia: »Power. Do Woman Really Want It?«, in: *Fortune*, 2003.
Sennett, Richard: *Verfall und Ende des öffentlichen Lebens. Die Tyrannei der Intimität*. Frankfurt am Main, 1983.
Sennett, Richard: *Respekt im Zeitalter der Ungleichheit*. Berlin, 2004.
Singer, Wolf: »Über Bewusstsein und unsere Grenzen. Ein neurobiologischer Erklärungsversuch«, in: *Gene, Meme und Gehirne. Geist und Gesellschaft als Natur*. Hrsg. von Alexander Becker. Frankfurt am Main, 2003.
Texte zur Kunst: *Liebe*. Heft 52. Berlin, 2003.
Truchlar, Leo: *Identität, polymorph. Zur zeitgenössischen Autobiographik und Bewusstseinskultur*. Wien, 2002.
Virilio, Paul: *Revolutionen der Geschwindigkeit*. Berlin, 1993.
Watzlawick, Paul (Hrsg.): *Die erfundene Wirklichkeit. Wie wissen wir, was wir zu wissen glauben? Beiträge zum Konstruktivismus*. München, 1984.
Weibel, Peter: *Lebenssehnsucht und Sucht*. Berlin, 2002.
Willi, Jürg: *Psychologie der Liebe. Persönliche Entwicklung durch Partnerbeziehungen*. Stuttgart, 2002.
Wright, Thomas (Hrsg.): *Oscar Wilde – Tischgespräche*. München, 2002.
Zweite, Armin, et al.: *Ich ist etwas anderes. Kunst am Ende des 20. Jahrhunderts*. Düsseldorf, 2000.
Zybok, Oliver: *Von Angesicht zu Angesicht. Mimik, Gebärden, Emotionen*. Leverkusen, 2001.